中森明菜の音楽

the masterpieces of Akina Nakamori

1982-1991

スージー鈴木

はじめに

「中森明菜を書いてみませんか？」

物書きにとって、原稿依頼はうれしいものである。こちらから企画を出して通る場合もうれしいが、特に見知らぬ編集者や版元から依頼されるということは、私のこれまでの仕事を、純粋に認めてくれていることの証なので、とてもうれしい。

しかし、その反面、今回の依頼には緊張感を抱いたのだ。なぜか。早めに白状してしまうが（私のこれまでの著作に触れた方なら、白状せずともお分かりだろうが）、私はそれまで、中森明菜を深く聴き込まずに生きてきたからである。

この本が主に取り上げる80年代は、私の学生時代であり、その後半は大学生。大阪から上京して、熱心にラジオを聴いて、中古レコードを漁る日々だったが、中森明菜より松田聖子、中島みゆきより松任谷由実、それよりも、はっぴいえんど、レッド・ツェッペリン、さらには何といってもビートルズという感じの日々だった。

なので、依頼に対して、聴き込んでいないという懸念を正直に伝えた上で、十分に考えさせていただき、こう決断した。

「そんな私にしか書けない中森明菜を書こう」

決断には理由があった。2022年、突如中森明菜の復活が噂され、メディア界は一種の「中森明菜ブーム」のような様相となった。私も多少はブームに加担した格好になりつつも、違和感を抱いたのは、ブームの中における彼女の語られ方である。

まずは過剰な神格化。「最高の歌姫」「抜群の才能」「令和の音楽シーンに失われたものが、すべてそこにはある！」——音楽性を吟味しない乱暴な神格化は、結局、価値の矮小化につながってしまう。それ良くないんじゃないか、いや、もったいないんじゃないかと思ったのだ。

選曲の幅の狭さとパターン化も気になったことのひとつだ。まずは『少女A』。デビュー曲ということで『スローモーション』を経由、「実はこんな曲も」と『飾りじゃないのよ涙は』を挟み、そして「2年連続のレコード大賞という快挙！」という文脈で『ミ・アモーレ』『DESIRE －情熱－』、あとはたまに『難破船』という感じ。

『SOLITUDE』や『Fin』『LIAR』などは、なぜいつも無視されるんだろうと、疑問に思っていたのだ。先述の通り、深くは聴き込んでいなかったものの、それらの曲にも、中森明菜の本領が十分発揮されていると直感していたから。

あと、いつも、89年のあの「事件」とセットで語られることにも——。中森明菜は、もっと純粋かつシンプルに、音楽そのもので語られるべきではないのか。

「音楽の話だけに絞り切ってよければ、喜んで書かせていただきます」

以上のような経緯で、本書執筆が走り出した。私の場合、ほとんどがそうなのだが、今回もタイトルはいちばん先に決まった――。

――という本なので、「はじめに」でこういうことを書く著者も珍しいと思うが、「中森明菜マニア」の方々には、少々歯ごたえがない本かもしれない。

逆に、これから中森明菜を聴いてみよう、もしくは、当時聴いていたものの、音楽的に再確認したいという方には、バランスの取れたリスナーズ・ガイドになるはずだ。特に、昨今の「中森明菜ブーム」の中でほとんど顧みられない、『SOLITUDE』を皮切りとした「アーバン歌謡」（本文参照）については、他の同様の書物や記事にはない視点だと自負したい。

よくしたもので、取り上げたシングル、アルバムの収録曲はすべて、サブスクリプション・サービスに収まっている。スマホ片手に読んでいただくのもおすすめだ。

82年のデビューから、91年までの全シングルと全スタジオ・アルバムを、今年（2023年）に入って、一気に聴き続けた。中森明菜の活動の「情報量」（本文参照）にクラクラし続けるディープでタフな9か月間だった。なぜクラクラしたのか、どうディープでタフだったかは、読んでいただければすぐに分かるはず。

最後に付記。先にも使った「アーバン」という言葉について。

2020年、グラミー賞を主催するレコーディング・アカデミーは、翌年度から「最優秀アーバン・コンテンポラリー・アルバム部門」を「最優秀プログレッシブR&Bアルバム部門」に改名すると発表した。その理由として、サイト「VOGUE JAPAN」同年6月12日の記事から、ユニバーサル・ミュージック・グループ傘下のリパブリック・レコーズのコメント。

——『アーバン』という言葉は、ブラックミュージックを定義するために使い始められた歴史的な改革を根本としています。私たちの多くの歴史同様、アーバンという用語は、もともとネガティブな意味を持つものではありませんでした。しかし、時が経つにつれ、アーバンという用語の意味は変化し、音楽業界の多くのジャンルに所属する黒人アーティスト、従業員、音楽そのものを包括する表現となっていました。

本書の中では、先のように、「アーバン」という言葉を多用する。ただそれは「80年代東京」の「都会性」という意味のみで用いるのであって、黒人音楽の包括化、さらには、その結果としての神格化／矮小化とは、まったく無縁であることを先に記しておく。もちろん、中森明菜の神格化／矮小化にも——。

CONTENTS

第三期〈爛熟〉1986-1987

【凡例】
■本書における「売上枚数」と「オリコン最高」（順位）はオリコンのデータに基く。■売上枚数は下三桁を四捨五入して記した。■アルバムの売上枚数は、『プロローグ <序幕>』から『D404ME』まではLPとCT（カセット）の合算、『不思議』『CRIMSON』『Cross My Palm』はLP、CT、CDの合算。『Stock』以降は上記の合算カテゴリ＝「AL」の数値を表記した。但し、LPのみの『SILENT LOVE』『MY BEST THANKS』、CTのみの『ノンフィクションエクスタシー』はそれぞれLP、CTの数値を記した。■アルバムの順位は、『プロローグ <序幕>』から『Cross My Palm』まではLPの順位、『Stock』以降は「AL」の順位、LP『SILENT LOVE』『MY BEST THANKS』、CT『ノンフィクションエクスタシー』はそれぞれLP、CTの順位を記した。

第一期〈出現〉

1982-1983

#1 スローモーション

作詞　来生えつこ
作曲　来生たかお
編曲　船山基紀
リリース　1982年5月1日
オリコン最高　30位
売上枚数　17・4万枚

「ニューミュージック」なデビュー曲にまつわる人間模様

中森明菜の記念すべきデビュー曲。

この、落ち着いてしっとりとした曲でデビューしたからこそ、その後の怒涛の快進撃があったと強く信じる。逆にいえば、もしデビュー曲が、後に述べるほかの候補曲だったとしたら、あれほどまでのブレイクには至らなかっただろうし、私がこのような本を書くこともなかったかもしれない。

では、この傑作を取り巻いた人間模様を克明に追っていく。まずは中森明菜自身。ボーカル自体はまだあどけなさを残しているものの、その後明らかになっていく、抜群の声量、ふくよかな中域の片鱗を十分に感じさせる。技巧性がいよいよ増していった80年代後半のボーカルより、まるで原石のようなこの歌声のほうに魅せられる人は少なくないのではないか。

では楽曲そのものの個性はどうだろう。特に『スローモーション』特有の「歌謡曲らしくなさ」「アイドルソングらしくなさ」について考えてみたい。言い換えると、歌謡曲と別ジャンルとの中間という感じがすると思うのだ。その「別ジャンル」の名称は——「ニューミュージック」。

今や死語となってしまった、この言葉。意味としては、戦後生まれ世代が、主にビートルズなどの洋楽の影響を受けて自作自演した音楽の総称。『スローモーション』が発売された82年あたりだと、まだ普通に使われていたもの。

言うまでもなく、そのニューミュージック臭、自作自演臭は、来生えつこ・来生たかおという姉弟ソングライターチームの仕業である。

「81年11月の来生姉弟」は忙しかった。薬師丸ひろ子『セーラー服と機関銃』が81年11月21日リリース、大橋純子『シルエット・ロマンス』が同じく81年11月25日にリリースされた。この年の暮れあたり、この2曲によって、人々は「来生」という2文字を「きすぎ」と読み取れるようになる。

メジャー（長調）全盛の平成Ｊポップ時代を通り過ぎた今聴けば、マイナー（短調）のこの2曲は、少々歌謡曲っぽく感じるのだが、当時の印象は歌謡曲よりもエレガントかつ上品で、私含む当時の音楽ファンは、来生姉弟を「新世代ソングライターチーム」として認定した。

さて、中森明菜のデビューに向けて、薬師丸ひろ子の存在は、かなり意識されていたようだ。初代ディレクター・島田雄三は、サイト「リマインダー」（２０２２年12月21日）のインタビューでこう語る。

——僕の中では、薬師丸ひろ子さんみたいな人がかっこいいなと思っていた。セーラー服を着て機関銃をぶっ放して「カ・イ・カ・ン」っていうようなね。

しかし、驚くべきは、『スローモーション』が書き下ろしではなかったという事実だ。つまり中森明菜に「当て書き」されたものではなかったのである。同インタビューより。

——当時はえつこさんもたかおさんも、ものすごく売れているときで、いろいろなところからオファーがあって、かつご自身のアルバムもどんどん作らなければいけないときだったので、僕がお話にいったときは「今は新しい楽曲を作れません」と言われたんですね。僕はいわゆるビッグネームの人たちからも断られていて、来生さんたちのような新しい人たちとやるしかないわけだから「それはもう全然かまわない。今アルバムに用意してる楽曲でもいいから聴かせてください」って言ったんですよ。スローモーションは、その中の1曲です。書き下ろしじゃないんです。

ということは、『スローモーション』を名曲たらしめたのは、もちろん来生姉弟だけでなく、この曲に目を付けた島田雄三の「発見力」も、大きな役割を果たしたことになる。

少し細かい話をする。大橋純子の代表曲は、『シルエット・ロマンス』に加えて『たそがれマイ・ラブ』(78年)だ。こちらは作詞：阿久悠、作曲：筒美京平という、70年代昭和歌謡のトップ・オブ・トップといえるソングライターチームの手によるもの。

私は『シルエット・ロマンス』を、同じく大橋純子の名曲を紡ぎ出した歌謡界のトップ・オブ・トップに対する、新世代ソングライターチームからの挑戦状だと、勝手に考えていたのだが。

しかし『スローモーション』は、実は『たそがれマイ・ラブ』のほうに、音楽的近似性が認められるのである。

具体的にいえば、サビ「出逢いはスローモーション〜」からと『たそがれマイ・ラブ』のサビ「しびれた指　すべり落ちた」からのコード進行が似ている。もっといえば、『スローモーション』のカラオケで『たそがれマイ・ラブ』が歌える（さらにはこの後の『セカンド・ラブ』でも同様のコード進行が出てくる）。

もちろん、盗用だ・パクリだなどの低レベルの話をしているのではない（そもそも、しばしば使われるコード進行でもある＝後述）。偶然の一致という可能性も高いだろう。そんなことより重要なのは、中森明菜の向こう側に、大橋純子がいるという事実である。さらにいえば、デビュー間もない16歳の少女が、爆発的な歌唱力でならした大橋純子に通じるメロディを歌っているという事実――。

さらには、編曲家・船山基紀の存在も大きい。当時の船山といえば沢田研二『勝手にしやがれ』（77年）など、歌謡曲のイメージが強いが、ニューミュージック系の渡辺真知子や五輪真弓にも、力量をいかんなく発揮しており、そんなセンスが『スローモーション』でも十分に活きている。

イントロの高揚感、エンディングのミステリアスな香りはどうだ。渡辺真知子『ブルー』（78年）や五輪真弓『恋人よ』（80年）と並ぶ、当時の船山基紀マスターピースのひとつに数えられるだろう。

加えて、来生姉弟だけでなく「中森兄妹」も、『スローモーション』のシングルカットに貢献しているのだという。

中森明菜『本気だよ　菜の詩・17歳』（小学館）によれば、明菜は兄の明浩と母校・清瀬中学に乗り込んで、『スローモーション』に『Tシャツ・サンセット』『銀河伝説』『あなたのポートレート』を加えたシングル候補の計4曲について、生徒からアンケートをとったというのだ。

――でもね、やっぱり若い子の意見も聞きたいじゃない、それで明浩兄ちゃんと相談して、母校の清瀬中学に行ってみることにしたの。昼休みに校内放送で流してもらってアンケートをとればいいもんね。

校内放送アンケートは、教頭先生に断られるものの、「元暴走族だという話の分かる」音楽の先生が協力してくれて、授業を中断して、生徒にアンケートをとってくれたという。結果、1位は『Tシャツ・サンセット』、2位が『スローモーション』――。

これら4曲はデビューアルバム『プロローグ〈序幕〉』で聴くことができるのだが、『春うらら』（76年）で知られる田山雅充が作曲した『Tシャツ・サンセット』は、ニューミュージックというより「フォーク歌謡」の味わいで、当時としても、ちょっと野暮ったく感じられたのではないか。アンケートしながらも、2位の曲をシングルに採用したのは、賢明な判断だったと思う。

オリコン最高30位、17・4万枚。しかし驚くべきは39週もチャート圏内に留まったということ。来生姉弟・薬師丸ひろ子・大橋純子・島田雄三・船山基紀、そして中森兄妹に清瀬中学の生徒――多様な人々が交差する人間模様の中で、大きな物語が、ゆっくりと、スローモーションで動き出した。

プロローグ〈序幕〉

リリース　1982年7月1日
オリコン最高　5位
売上枚数　45・3万枚

白状すれば、シングルとアルバムをひと通り（本書に収録する82〜91年まで）聴いた後に本稿を書いているのだが、そのタイミングで再度このアルバムを聴くと、声の「原石」感に驚いてしまう。

中森明菜の音楽的魅力をどこに置くかについては、正直、まだまだ手探り状態の中で作られている。各曲の音楽的方向性もバラバラだし、中森明菜の歌唱にも不安定な部分が多々ある。島田雄三・濱口英樹『オマージュ〈賛歌〉to 中森明菜』（シンコーミュージック・エンタテイメント）によれば、当時担当ディレクターの島田は、22年に復刻されたアルバムのライナーノーツを書くためにあらためて聴いて、こう思ったという。

――正直に申し上げると、1stアルバムの『プロローグ〈序幕〉』（82年7月）に関しては、音程やリズムの悪さが耳につくところがあり、最初は「よくこれでOKを出したな。俺も若かったのかな」と思いました。

でも聴いていくうちに「未完成の魅力」が備わっていることに気付いたというのだが。

さて、このアルバムでポイントとなるのは、やはりシングル候補となった4曲だろう――『スローモーション』に『Tシャツ・サンセット』『銀河伝説』、そして『あなたのポートレート』。

『スローモーション』の項でも書いたように、今聴いてみて（母校・清瀬中学の音楽室でのアンケートにおいて1位だった）『Tシャツ・サンセット』がデビュー曲でなくて本当によかったと思う。というのは、『春うらら』（76年）で知られる田山雅充が作曲した『Tシャツ・サンセット』は、いかにも70年代フォーク的。これを携えては、激動の82年を突破できなかっただろう。

余談だが『Tシャツ・サンセット』の歌詞「ハマ・ジルバ」や、血液型を歌った『A型メランコリー』、あと『ダウンタウンすと～り～』の「～」――デビュー当時の中森明菜が、このような軽薄体といえる言語感覚の中に置かれていたということと、のちの大変化との距離感に驚いてしまう。

対して、「テクノ・ディスコ」とでもいえる『銀河伝説』はまだマシで、本人もお気に入りだったようだが、それでも70年代、具体的には山口百恵を想起させ過ぎると思う（星座を扱った歌詞は明らかに『乙女座 宮』（78年）からのインスパイアだろう）。

となると、わたし的には『スローモーション』『あなたのポートレート』の一騎打ち、つまりは来生姉弟に迎えられる星の下にいたということになる。この2曲、作家が共通しているだけでなく、「偶然の出会い」という歌詞のテーマも似ている。

ただ『あなたのポートレート』は、「ボートがぶつかって　帽子が（池に？）落ちる」という状況がどうにも不自然で、あと歌い出し「軽く【ウエーーーブ】してる」というところのしつこさも引っかかる（ただ当時、例えば「ニューウェイブ」ではなく「ニューウェーブ」と表記したように、「wave」は英語発音に反して「ウェーブ」だったことを付記しておく）。

また、この曲の萩田光雄の編曲に比べて、『スローモーション』の船山基紀の編曲は、とにかく派手（特にイントロ）で、デビューにまさにぴったりだと思う――細かく長々と書いてしまったが、結果として、デビューシングルに『スローモーション』が選ばれたことを、素直に祝福したい。

ただ、である。このアルバムから1曲、フェイバリットを選べといわれたら、私は『ひとかけらのエメラルド』を推す。先に述べた「原石ボーカル」が十分に堪能できる。ここまで朗々・堂々と、けれんみなく声を響かせる少女は、まさに「中森明菜ver1.0」。次点が同様の理由で『Bon Voyage』。

加えて、タイトル『プロローグ〈序幕〉』も絶妙だったと思う。「ハマ・ジルバ」的な80年代前半型軽薄体に飲み込まれていない。ここを起点に、『バリエーション〈変奏曲〉』『ファンタジー〈幻想曲〉』へと、アルバムタイトルは品のあるシリーズ感を保ちながら続いていく。

さらにはジャケットもいい。安易にニコニコっと微笑まないショットは、この年、乱立する新人アイドル戦線の中で、強い差別化となっただろう。

強い意志を持って何かを見つめる眼差し。何を見つめていたのだろう。

#2 少女A

作詞　売野雅勇
作曲　芹澤廣明
編曲　萩田光雄
リリース　1982年7月28日
オリコン最高　5位
売上枚数　39・6万枚

派手派手しいギターで「80年代の山口百恵」を目指した代表曲の是非

――「大爆発でした。『絶対嫌だ！こんな歌嫌だ！』と大暴れ。顔を真っ赤にして涙を流し鼻水を垂らして『絶対に歌わない！』と睨みつけてきた。」

『FLASH』（2022年11月29日・12月6日号）の記事、その名も「歌姫・中森明菜のリアリティ　大嫌いだった『少女A』」の中で初代ディレクター・島田雄三が語る、この曲の歌詞を見せられた瞬間の中森明菜の反応。

渡邉裕二『中森明菜の真実』（MdN新書）によれば、抵抗した理由は『少女A』の「A」

が「ＡＫＩＮＡ」、つまり自分のことだと勘違いしたからだというのだが。

そんな中森明菜に対して島田氏は、「この曲を歌うんだよ！　これで売れなかったら俺が責任を取って担当を降りる。だから、歌え！」と返したというから、到底穏やかではない。

しかし、こんな一触即発な雰囲気の中でレコーディングされた曲が、40年以上経った現在においても、中森明菜の代表曲であり続けるのだから、現実はまさに小説より奇なり。

ボーカルについては、先の『スローモーション』同様、のちの彼女のボーカルを考えると、まだまだ幼く、おぼつかない。それでも『スローモーション』よりも、ある種のパワーが声に宿っている感じがするのは、島田雄三との一触即発の空気のせいなのかもしれない。

ここでまた白状しなければならない。今回、この原稿を書くために、当時何度も聴いたこの曲を、あらためて何度も聴いたのだが、その度に――笑ってしまったのだ。「ギター、うるさ過ぎるだろ（笑）」と。

とにかく派手派手しいディストーションギター。それも何本も重ねられている。その上にまた、派手派手しいホーンが乗って、まさにギンギンに盛り上がるあたりを、少々滑稽に感じたのだ。こんなにけたたましいアイドルポップスが、かつてあっただろうか。

ギタリストの名前は矢島賢。山口百恵や長渕剛の作品で名を轟かせたギタリスト。だからこの曲はさしずめ、「矢島賢 feat. 中森明菜」とでもクレジットしたくなるようなサウンドである。

そう、山口百恵――この曲の唐突な派手派手しさも「山口百恵テイスト」と捉えれば、それほど滑稽に感じずに飲み込むことができる。「80年代の山口百恵」を臆面もなく目指したサウンド、それが『少女A』だったのだ。

『ギター・マガジン』(リットーミュージック)の「恋する歌謡曲。」特集(2017年4月号)に紹介されている、矢島賢×山口百恵のコラボレーションによるヒット曲。

・『プレイバック part2』(78年)
・『絶体絶命』(78年)
・『ロックンロール・ウィドウ』(80年)

しかし、最高傑作といえば『曼殊沙華』(79年)にとどめを刺す。シングル『美・サイレント』のB面。この曲はもう「矢島賢×山口百恵」というより「山口百恵vs矢島賢」。引退1年前の山口百恵と矢島賢による異種格闘技戦の趣きがある。ぜひ一度聴かれたい。

そして編曲は、前回の船山基紀のライバル的存在=萩田光雄。この萩田も「チーム百恵」

の一員で、先の3つのヒット曲に『横須賀ストーリー』(76年)も含めた全曲が「作詞:阿木燿子、作曲:宇崎竜童、編曲:萩田光雄」のトリオによるもの。

萩田光雄『ヒット曲の料理人』(リットーミュージック)によれば、矢島賢のギターは「すべて書き譜」としている。つまりは、あの派手派手しい・けたたましいサウンドは、すべて萩田の設計図通りということになる(ただし、細かい話だが、先の『ギター・マガジン』2017年4月号において、矢島賢は「『少女A』の間奏はアドリブです」と語っているので、多少は自由に弾いた部分もあるのだろう)。

とにかく、矢島賢と萩田光雄という「チーム百恵」が、山口百恵のテイストを引き継ぎながら、ある意味「百恵よりも百恵らしい」サウンドを生み出し、『絶対歌わない!』とキレた中森明菜が、そのサウンドに必死に食らい付いた——これが、『少女A』に隠された大きな物語なのである。

対して、ソングライターチームは、「作詞:売野雅勇、作曲:芹澤廣明」という、当時まだ新進気鋭といっていいコンビ。ただ我々世代にとっては、この数年後に、チェッカーズの多くのヒット曲の作者として、何度も何度も目にした2人でもある。

と考えると『少女A』は、チェッカーズ最大のヒット曲『ジュリアに傷心』(84年)の前哨戦としてのマイナー・ロックンロールと位置付けられる。「山口百恵=中森明菜=チェッカーズ」という、一見何の関係もなさそうな星が一筆書きでつながれて、昭和50年代を彩る大きな星座が完成する。

作詞家・売野雅勇の最大の功績は「少女A」という秀逸かつ物騒なタイトルだろう。元コピーライターとしてのセンス全開。元々は、沢田研二に提供されながら没になった「ロリータ」という美少年ものの歌詞だったという。沢田研二の歌う「ロリータ」、ぜひ聴いてみたかった――。

さて。『少女A』を巡る人間物語はここまでとして、実はこの曲をデビュー曲にするという構想があったようなのだ。先の『中森明菜の真実』にある「当時を知るワーナーの営業担当者」の発言。

――「ところが、制作スタッフの間から『少女A』がデビュー曲ではイメージがつき過ぎるという意見が出たようです。それに、この曲に対しては明菜本人も歌いたくないというか、どこかノリが悪かったようで、結果として『スローモーション』に決まったということです」

しかしややこしいのは、同『中森明菜の真実』によれば、デビュー曲『スローモーション』の次もまた、来生姉弟の作品でいくべきという意見もあったのだという（『月刊明星』84年3月号付録『YOUNG SONG』において、デビューアルバム収録『あなたのポートレート』を2弾目シングルにする構想があったという島田雄三の発言が掲載されている）。

これらの話は、現実（ファースト『スローモーション』→セカンド『少女A』）とは異なる下記2つのストーリーが選択された場合、歴史はどう動いただろうか、という妄想のきっかけを我々に与える。

（a）もし、デビュー曲が『少女A』だったら。
（b）もし、『スローモーション』に続くセカンドも来生姉弟作品（仮に『あなたのポートレート』）だったとしたら。

（a）（b）どちらの場合も、現実のような大ブレイクには結び付かなかった、それくらい現実の「ニューミュージック歌謡」→「80年代の山口百恵」の流れは見事だったと考えるのだが、個人的に強く興味をそそられるのは（b）である。

もし『スローモーション』→『あなたのポートレート』と、来生姉弟作品を続けたならば、もちろん現実のような大ブレイクには至らなかったであろうものの、もしかしたら大橋純子のような「ニューミュージック歌謡の歌姫」として、長く安定的な音楽活動を続けられたのかもしれない。逆にいえば、それくらい『少女A』は、中森明菜にとって、ある意味で重い十字架になったのかもしれない、と考えてしまうのだ。

この曲が最高位5位となった、82年10月18日付オリコン週間シングルランキング。

1位　近藤真彦『ホレたぜ乾杯！』
2位　一風堂『すみれ September Love』
3位　あみん『待つわ』
4位　中島みゆき『横恋慕』
5位　中森明菜『少女A』

「絶対嫌だ！こんな歌嫌だ！」「絶対歌わない！」という、少女・中森明菜の叫びに、スタッフが従順に耳を澄ましていたら……。そんな40数年後の妄想とは無関係に、「少女・明菜」は「少女A（KINA）」として一気に知られていくこととなる。嫌いに嫌ったタイトルで大ブレイクするとは、なんたる皮肉。

バリエーション〈変奏曲〉

リリース　1982年10月27日
オリコン最高　1位
売上枚数　74・3万枚

前作『プロローグ〈序幕〉』が45・3万枚、オリコン最高5位と、新人アイドルのアルバムとしては、ことのほか好調で、その流れとシングル『少女A』ヒットの勢いが合流して、なんと74・3万枚売り切ったアルバム。

もちろんオリコン初登場1位。ちなみに中森明菜アルバムのベストセールスとなる（ただしベスト盤を除く）。いきなりピークがやってきた。

さてスタッフで目を引くのが、12曲中8曲の編曲を担当した萩田光雄だ（もちろん『少女A』も）。言ってみれば「中森明菜 feat. 萩田光雄」という体裁のアルバムである。

しかし音楽的に目を見張るのは、『（イントロダクション）』『（エンディング）』『カタストロフィの雨傘』『咲きほこる花に……』という4曲の編曲を手掛けた若草恵。

余談だが、私は長らく「わかくさ・めぐみ」という名の女性だと思っていたが、実は「わかくさ・けい」という名の男性（49年生まれ）。別名「ストリングスの魔術師」。代表作としては研ナオコ『かもめはかもめ』（78年）の劇的なストリングス編曲を挙げたい。

まず『（イントロダクション）』『（エンディング）』という、若草恵一流の映画音楽的なストリングスでアルバム全体が挟まれることで、コンセプトアルバムとしての一体感が高まる。この構成の妙によって、ほかのアイドルのアルバムとは一線を画すことに成功したはずだ。

また中森明菜版『エリナー・リグビー』（ビートルズ、66年）といえる『咲きほこる花に……』や、『カタストロフィの雨傘』という若草恵編曲のバラードも聴きものである。

この2曲での中森明菜は、歌唱力はまだ追い付いていないものの（それでも前作からは成長）、歌詞の世界にずっぽりとハマる能力＝「憑依力」を発揮していて、のちに花開く才能の氷山の一角を感じさせる（特に『咲きほこる花に……』において。このアルバムのベストトラックといえる）。

さて、この『カタストロフィの雨傘』というタイトルがいい。歌詞カードには「カタストロフィ＝悲劇的な結末。破局」と補足あり。作詞家は篠塚満由美。また彼女が手掛けた『第七感（セッティエーム・サンス）』というタイトルも凝っている（『第七感～』は南佳孝によるメロディもいい)。ちなみに篠塚の存在を、私はものまね番組で知った。なかなかの数奇な人生といえる。

作詞家でいえば、前作で『Tシャツ・サンセット』『A型メランコリー』を書いた中里綴が、山口百恵『愛染橋』を想起させる京言葉の『脆い午後』、同様に山口百恵『乙女座宮』を次ぐ星座もの『メルヘン・ロケーション』、タイトルからして80年代前半感たっぷりの『ヨコハマA・KU・MA』と、今回もやや時代がかった歌詞を提供している(なお、この人も篠塚満由美とは違う意味で数奇な人生を歩んだ)。

対して、『哀愁魔術(マジック)』『X3(バイバイ)ララバイ』というけれんみたっぷりなタイトルで気を吐く作詞家が森雪之丞。シブがき隊『NAI・NAI 16(シックスティーン)』『100%…SOかもね!』成功の勢いを引き継いでいる。

とはいえ、注目曲は、『少女A』と、その路線を踏襲した『キャンセル!』だろう。サードシングル候補になっていた『キャンセル!』で、強いボーカルはいいのだけれど(その点では『哀愁魔術』も同様にいい)、さすがに『少女A』ほどの切れ味がない。結果論かもしれないが、サードシングルは来生姉弟による『セカンド・ラブ』で正解だったと思う。

この時期の中森明菜がまず身に付けたのは「憑依力」で、その「憑依力」を引き立てる最高のソングライターチームが来生姉弟という気がする。それに若草恵のストリングスが加わったのが、ベストトラック『咲きほこる花に……』ということになる。と、音楽的にはそんな感じだが、爆発的セールスには、ビジュアルワークも大きく影響しただろう。

特にジャケットだ。笑っている。やっと笑った中森明菜だ(これまでのシングル2曲、アルバムのジャケットは笑っていなかった)。LPサイズでは、そうとうなインパクトだ。また、封入されているカレンダーも1・2月、11・12月は笑っている。そして7・8月は赤いビキニ――。カメラマンは野村誠一、私世代には記憶にある名前である。

若草恵による中森明菜の「憑依力」、そして野村誠一による明菜の「笑顔力」が生み出した74・3万枚だった。

#3
セカンド・ラブ

作詞　来生えつこ
作曲　来生たかお
編曲　萩田光雄
リリース　1982年11月10日
オリコン最高　1位
売上枚数　76・6万枚

初のチャート1位獲得を実現した表現力とコード進行と歌詞

先に述べたように、アルバム『バリエーション〈変奏曲〉』が、11月8日付のオリコン週間アルバムランキングで、初登場1位を記録する。

これは「花の82年組アイドル」の中で一番乗りのことだった。もちろん、収録された『少女A』に勢いがあったことは間違いないところだが、それでも「82年組」のトップグループに、一気に駒を進めたことを示している。

また、アルバムが売れるということは、比較的「ニューミュージック」的なポジションを確立しつつあったことも示している。その意味では「ニューミュージック歌謡」と評したデビュー曲『スローモーション』の残存効果も加勢したに違いない。

『セカンド・ラブ』は、そんな流れを見事に受け継いで、中森明菜を、さらにアイドルシーンの真ん中に進める作品となっている。言いたいことは、あらゆる意味で挑戦的だったファースト、セカンドに比べて、このサードシングルは、アイドルポップスの王道感が強いということだ。中森明菜自身も「この曲をいただいたとき、私は感動で体じゅうに閃《せん》光《こう》が走ったような気がしました」(『本気だよ　菜の詩・17歳』)と書いている。幸せな星の下に生まれた1曲といえよう。同世代女性の支持を得たという意味では、この年の1月リリースの松田聖子『赤いスイートピー』との近似性が見られる。ただ、『赤いスイートピー』がデビューから2年目だったのに対して、『セカンド・ラブ』はデビューからたった半年というタイミングのリリースなのだから、中森明菜は、かなりの早熟だ。

ボーカルの進化が著しい。表現力が一段上がっている。歌詞への「憑依力」——歌詞に没入し、憑依し、歌詞の世界を演じ切る能力が、『少女A』までに比べて、ずいぶんと備わったように聴こえる。

さて、またコード進行の話をしたい。というのは、『スローモーション』で使われた進行が、ここでも使われているのだ。というか、その進行が『セカンド・ラブ』の音楽的核心となっているからだ。

それは、俗に「枯葉進行」といわれているもので、というのはシャンソン／ジャズの有名曲『枯葉』で使われたことで、世界的に親しまれたコード進行。

具体的には「【Dm7】-【G7】-【Cmaj7】-【Am】-【Dm7】-【Bm7-5】-【E7】」というコード進行（キーをAmとした場合）。

コードを少しかじった人なら分かるかもしれないが、一見、複雑なように見えて、弾いてみたら、とてもエレガントかつ人懐っこい響きをもたらすコード進行である。

「出逢いはスローモーション　軽いめまい　誘うほどに」のところで使われた、この「枯葉進行」が、『セカンド・ラブ』では、歌い出し「恋も二度目なら～」にもサビ「抱きあげて～」にも使われていて、まさに音楽的核心になっているのだ（ちなみに「枯葉進行」こそが、大橋純子『たそがれマイ・ラブ』のサビ「しびれた指　すべり落ちた～」で使われていたもの）。

『スローモーション』と『セカンド・ラブ』で使われたコード進行。日本においてはもう「枯葉進行」ではなく「中森明菜進行」と言えばどうだろうかと思うが、それはともかく、この「枯葉」……いや「中森明菜進行」のエレガントかつ人懐っこい響きが、アイドルポップスの王道感を、いよいよ盛り立てる。

歌詞も、さらにアイドルポップスの王道感満載だ。

特に「あなたのセーター　袖口つまん〝で〟うつむくだけなんて」「前髪を少し　直すふりをし〝て〟うつむくだけなんて」という、2つの「うつむきフレーズ」は、実に強力だ（細かな話だが「〝〟」でくくった文字に当てられたディミニッシュコード＝dimが効果的）。

82年当時といえば「校内暴力」が声高に報道された頃だが、「不良少女は案外、純粋な恋愛物語を好む」という風潮は確かにあったように思う。『少女A』→『セカンド・ラブ』の流れは、そんな風潮に見事に合致する。

だが、最強パンチラインは「舗道に伸びた　あなたの影を　動かぬように　止めたい」だろう。「あなたの影をふまないように　離れて電車が来るの待った」の菊池桃子『もう逢えないかもしれない』（85年）と「踵を揃えた　二人の影　こんなに背の高さ違うの」の浅香唯『セシル』（88年）と並ぶ「80年代アイドル3大〝影歌謡〟」の趣き。

この曲で中森明菜は、念願のオリコン週間シングルランキング首位を獲得。11月29日付から3週連続1位を守り、ヒロシ&キーボー『3年目の浮気』に明け渡すも、年を明けてまた奪還、3週連続1位をキープする。

そして売上枚数76・6万枚。これは実は、中森明菜オールキャリアでの最大売上シングルなのである。

#4 1／2の神話

作詞　売野雅勇
作曲　大沢誉志幸
編曲　萩田光雄
リリース　1983年2月23日
オリコン最高　1位
売上枚数　57・3万枚

もろもろの事情を吹き飛ばすボーカルに内在化した山口百恵と岩崎宏美

年を越して1983年を迎えても、勢いは留まるところを知らない。ついに初登場1位。83年3月7日付のオリコン週間ランキングで、2位の田原俊彦『ピエロ』、3位のシブがき隊『処女的衝撃!』を抑えて、堂々の首位に躍り出た。

ただ、その勢いとは別に、楽曲としての評価は、『松田聖子と中森明菜』(幻冬舎)の中川右介に私は同調する。

――「山口百恵の路線」というスタッフ側の安易な発想に対して、《プレイバック

part2》における「馬鹿にしないでよ」に該当する「いいかげんにして」という詞で応じた。それはそれで印象に残るものではあったが、二番煎じ感は否定できない。

しかし、「二番煎じ」でも中森明菜の勢いが衰えない、否、いよいよ増したのは、中川右介がこの続きで記した部分と関係してくる。

――大人たちは単純に、「いいかげんにして」で、「お、百恵っぽいじゃないか」と喜んだが、同年代のファンはむしろ「誰も私、解ってくれない」に共感した。

関係してくるのが、前項で書いた「不良少女は案外、純粋な恋愛物語を好む」ことである。言い換えると――「不良少女は、自らの精神性にある純粋な部分に自覚的である」。何が言いたいかというと、この曲のテーマである「1／2」＝「半分だけよ　大人の真似　あとの残り　純粋なまま」という感覚は、「ツッパリブーム」を支えていた、中森明菜と同年代（少し下も含む）の少女にとって大好物だったということだ。

このあたりは、自分のことを「普通の17歳」と規定する『少女A』にも共通する切り口なのだが、不良少女における純粋性の割合を具体的に「半分＝1／2」と表現する『1／

2の神話』のほうが巧妙かつ直接的で、つまりは分かりやすかったのではないか。

つまりは、作詞家・売野雅勇の戦略勝ちだったということだろう。そもそも原タイトルが「不良1／2」だったというのだから（「このタイトルだとNHK的に厳しい」ということになり改題）。

さて、中森明菜のボーカルである。デビュー曲から順に聴いていくと、急激な上昇カーブを描いて輝き出していることが分かる。

まずは歌い出し「秘密だと　念おされ〜」からの部分、前項の「歌詞に没入し、憑依し、歌詞の世界を演じ切る能力」を十分に感じさせる。ここでの抑揚豊かな歌いっぷりで想起するのは、もちろん山口百恵だ。

加えて、いよいよ登場した、中森明菜最大の武器、ロングトーン。すなわち「いいかげんにし【てーーー】」である。のちに『北ウイング』『ミ・アモーレ』『DESIRE -情熱-』に通じる確かな第一歩を、この「てーーー」に認めるのだが、このロングトーンで私が想起するのは、岩崎宏美である。

山口百恵と岩崎宏美――ここで思い出さざるを得ないのが、「スター誕生！」に明菜が3度もチャレンジして、やっと合格したというエピソードだ。エントリー曲の変遷。

・1回目　岩崎宏美『夏に抱かれて』
・2回目　松田聖子『青い珊瑚礁』
・3回目　山口百恵『夢先案内人』

そう、岩崎宏美と山口百恵を歌っているのである。要するに、この2人への志向性は、デビュー前から内在されていたのだ。そして4枚目のシングルで、内在化されていたマグマが、ついに爆発した！

余談だが、1〜2回目のチャレンジで中森明菜に辛辣な評価をした審査員・松田敏江は、奇しくも岩崎宏美の師匠にあたる人。また、松田聖子『青い珊瑚礁』（80年）の印象的な歌い出し「あーーー」はA（ラ）の音で、こちらも奇しくも「いいかげんにし【てーーー】」と寸分違わない同じ音程なのである。

という中で、作曲家の人選については、大抜擢だったと言わざるを得ない――デビュー前の大沢（現：大澤）誉志幸。元々はクラウディ・スカイというバンドを組んでいたものの、デビュー後すぐに解散。職業作家として、82年5月発売の沢田研二『おまえにチェックイン』（作詞：柳川英巳＝クラウディ・スカイのメンバー）で世に出たのだが、それでも、この『1／2の神話』の前には、ビートたけしのプロジェクトがあったくらいで、つまりは大抜擢以外の何物でもない。ただ、そのビートたけしに提供した『ＢＩＧな気分で唄わせろ』（作詞：柳川英巳）、『ハード・レインで愛はズブヌレ』（作詞：大沢自身）の完成度が、実に高いのだ。そのあたりに目利きした人選ではなかったか。

大沢誉志幸は、『１／２の神話』リリースの翌年、84年の『そして僕は途方に暮れる』でブレイク。２０２１年のライブではＭＣでこのように語ったという。

――「(「1／2の神話」は）明菜ちゃんの人気が上がりそうなときに、80万枚も売れたんです。沢田研二さんに書いた「おまえにチェックイン」は50万枚売れて、ビックリですよ。その後の「晴れのち BLUE BOY」は40万枚。だから、〝デビュー前に100万枚以上売った男〟というキャッチフレーズで。でも、20代で「大沢先生」とか言われて、「これは違う、これは何かの間違いだ」と思ってソロデビューして、自分の好きな歌を歌おうと思ったわけです」（サイト「OTOTOY」2021年9月24日）

山口百恵と岩崎宏美への内在化された志向を爆発させたボーカルで、二番煎じやら、不良少女狙いの戦略やら、大抜擢やら――そんなもろもろを吹き飛ばして初登場１位という金字塔をもぎとった。そんな１曲である。

ファンタジー〈幻想曲〉

リリース　1983年3月23日
オリコン最高　1位
売上枚数　61・6万枚

デビューから1年足らずですでに3枚目のアルバム。ミニアルバム『Seventeen』を含めると4枚目なのだから、スタッフも本人も超ワーカホリックだ。結果も残す。今回もLPで40万枚突破。カセットも20万本超え。当然のように1位を獲得する。

まずは野村誠一によるビジュアル面がまた冴えている。特に裏ジャケットの立ち姿がいい。ありがちな言い方だが、少女と大人の女の端境期にある中森明菜をよく捉えている。ある意味では、彼女がもっともフォトジェニックだった時期だろう。

帯のコピーは「明菜は夢みます。明菜は翔（はばた）きます。その可能性は無限です。サード・アルバム完成!!」と勢い付いている。下側に記されている「3rd プレゼントポイント」は「明菜　自筆　歌詞カード」「サイン入り　ポートレート」と賑やか。前作の成功を受けて、ビジュアル戦略を徹底。

音楽的にはまず、全楽曲が萩田光雄編曲ということで、『バリエーション〈変奏曲〉』以上に、サウンドとしての統一感を感じさせる。

そのサウンドに乗る歌声は、先の「少女と大人の女の端境期」に寄せていえば「歌が大好きな少女と、テクニックに溢れた大人の歌手の端境期」という感じで、そんな「端境期ボーカル」は、魅力的に感じる瞬間もあるのだが、試行錯誤のど真ん中で苦闘しているさまも、同時に聴き取れる。

『1／2の神話』の項で書いたように、中森明菜は「スター誕生！」で岩崎宏美『夏に抱かれて』（79年）、松田聖子『青い珊瑚礁』、山口百恵『夢先案内人』（77年）を選曲している。選曲からも分かるように、元々はストレートな歌唱を志向していた人だ。

しかしその後、スタッフの意向もあって、様々な変化球歌唱を習得させられる。サイト「女性自身」の記事（2022年5月1日）にある、中森明菜を担当したヴォイストレーナー・大本恭敬の発言。

――「周囲は『第二の山口百恵』に育てようという雰囲気がありましたが、百恵に似ないように独自の『個声』と『表現』を徹底的に磨きました。明菜には『ア』『オ』

の間の声に独特の響きがあった。この特徴を鍛えると、下からすくうようなビブラート、花が咲くような表現ができるようになった。これが、明菜のオリジナリティになりました。」

細かいニュアンスまでは分かりかねるが、「スター誕生！」で披露したストレート歌唱から、変化球歌唱へのシフトを迫られていたことは確かだろう（「百恵に似ないように」のあたりに関しては『DESIRE -情熱-』の項で後述）。

野球でいえば、地肩で投げる球速150キロ台の直球で打者をきりきり舞いさせる投手から、テクニックを駆使した変化球で打者を翻弄する投手へのシフト。そんなシフトに対する試行錯誤と苦悩が、このアルバムにはリアルに収められている。

では、このアルバムにおける「変化球」とは何か。『バリエーション〈変奏曲〉』の項で書いた「憑依力」に加えて、低域での広がりや、ささやくような息の多い発声、突き抜けるような高音などとなる。ストレートと変化球の割合は感覚的にいえば五分五分という感じ。

収録楽曲を具体的に見ていくと、まず#1の『明菜から……。』で「おおっ」となる。エコーがかかった中森明菜のモノローグ。ミニアルバム『Seventeen』に収められた、自身による曲紹介トークからの延長線。

ディレクター・島田雄三は倉本聰脚本の『前略おふくろ様』『北の国から』に着想を得たと証言している。セリフの中では「いいレコード聴いてますか?」が、当時の中森明菜の音楽生活を匂わせていて興味深い。

また、その後の『瑠璃色の夜へ』『アバンチュール』の2曲が今聴くとよい。『瑠璃色の夜へ』はテクノポップ調でしっとりしたサウンドの中で、憑依力を発揮しながら、抑揚のある歌い方をすることで、ここまでのシングル曲にはない魅力を感じさせる。

続く『アバンチュール』はサンバ調。B♭(シ♭)という高めの音域で、突き抜けるように響く「(わかっている)【わーーー】」(特に2回目)には、のちに時代に響きわたる「明菜ロングトーン」の萌芽がうかがえる。

そのほかでは#4『にぎわいの季節へ』が、当時の岩崎宏美が歌いそうなバラード(作曲の木森敏之は、岩崎の82年のヒット『聖母たちのララバイ』の作曲者)。ただボーカルは、息の多い発声で岩崎宏美的な直球歌唱を避けているような感じがある(後述する「アーバン歌唱」につながっていく感じ)。
#8『思春期』も、タイトルこそ岩崎宏美『思秋期』(77年)ぽいが、中身は「あなたいいのよ　したいなら」と『少女A』ラインにあるセクシャルなロックチューンであり、こ

こでも「岩崎宏美み」をあまり感じさせない。

でもやはり『セカンド・ラブ』が楽曲としては図抜けている。スタッフのシングル選曲の確かさ、手堅さを感じさせる。

というわけで正直、楽曲は全体的に小粒だ。先の歌唱法の試行錯誤が「小粒感」を助長させているのかもしれない。ただ、それでも時の勢いとビジュアル戦略がアルバムとしての満足感を担保し、40万枚＋20万本＝60万人をレコード屋に走らせた。

アマチュア時代に直球でならした新人投手が、変化球の習得に試行錯誤している、しかしその後、その投手は、図抜けた直球と多様な変化球を立体的に組み合わせて、時代を席巻する、そう、ダルビッシュ有のように大成していくのだ。

#5 トワイライト ―夕暮れ便り―

作詞　来生えつこ
作曲　来生たかお
編曲　萩田光雄
リリース　1983年6月1日
オリコン最高　2位
売上枚数　43・0万枚

勢いに乗る明菜を2位にはねのけ続けたライバルとは?

熱心な中森明菜ファンではなかった私には正直、印象の弱い曲である。それでもオリコン最高2位、43万枚を売り上げているのは立派なものなのだが。

『オマージュ〈賛歌〉to 中森明菜』の中で、島田雄三は「この辺で一服入れよう」「『失敗作』という評価を耳にする」と語っている。

「失敗作」とまでは思わないが、チャートアクションを見る限り、この曲、運がなかったとはいえると思う。オリコン最高2位と書いたが、ということは1位の曲が別にあったということだ。実はその曲、『トワイライト』が2位の間、ずっと1位を占拠し続けていた。

つまりは『トワイライト』をはねのけ続けたのだ。

その曲とは――薬師丸ひろ子『探偵物語』。

シングルのタイトルを正確に記せば、当時「両A面」といわれた『探偵物語／すこしだけやさしく』。5月25日発売で、6月6日付で1位となり、そこから7月18日付まで、7週連続で1位を確保し続けた。対して『トワイライト』は6月13日付で2位となり、7月4日付まで、4週連続で2位に留まった。

ライバル『探偵物語』は、薬師丸ひろ子が主演する同名映画の主題歌だった。薬師丸をおそろしいほどキュートに映し出した映画なのだが、驚くべきは、映画公開日が7月16日ということだ。つまり楽曲『探偵物語』は、映画の力を借りずに、丸腰で首位を獲得したのである。

しかし、さもありなんとも思う。というのは、この『探偵物語』という曲は、80年代を代表するマスターピースだから。作詞：松本隆、作曲：大瀧詠一という元はっぴいえんどコンビ、いや当時的には『ア・ロング・バケイション』コンビの手によるものかつ、作詞家・松本隆としての最高傑作かつ、作曲家・大瀧詠一としての最高傑作といっても、決して過言ではない。

つまりは相手が悪かった。また一聴すると、似た曲調なことも災いしただろう（特にイントロのストリングスなどの共通性)。

ちなみに、『トワイライト』が2位の座を明け渡し、3位に落ちた7月11日付の2位は、なんと、『探偵物語』同様、角川映画の主題歌である原田知世『時をかける少女』。83年夏は角川映画の最強時代の夏である。

では、『トワイライト』という楽曲自体はどうだったのか。「『失敗作』という評価を耳にする」のであれば、ちょっとだけあら探しをするのも許されるだろう。

まず個人的に思うところがあるのは『トワイライト - 夕暮れ便り -』というタイトルだ。サブタイトルがしつこく感じるのは私だけか。アルバムタイトルの『プロローグ〈序幕〉』『バリエーション〈変奏曲〉』『ファンタジー〈幻想曲〉』などはいい感じだと思うが、シングルとしては、シンプルに『トワイライト』でよかったのではないか。

作曲は来生たかお。今回は「中森明菜進行」(『セカンド・ラブ』の項参照)ではないが、それでもやはり『セカンド・ラブ』の残像が強く残っている印象を受ける。

なお、来生たかおの有名曲『Goodbye Day』(81年)は、Aメロが『トワイライト』のAメロに似た進行で、サビがほぼ「中森明菜進行」。つまり『セカンド・ラブ』から『Goodbye Day』経由で『トワイライト』に至るという感じ。

加えて、レコード音源や、当時の歌番組(具体的には7月24日のNHK「レッツゴーヤング」）での歌唱を聴いて思ったのは、キーが高過ぎるのではないかということだ。

歌い出しからして「こめかみには」（歌い出しにいきなり「こめかみ」というのも、なかなかすごい……）の「こ」はB（シ）の音で、なかなかに高い。歌っている中森明菜も、ちょっと苦しそうに感じる。この曲以降、彼女が中域音程のド迫力で君臨することを知っているがゆえの後付け的な感想かもしれないが、もうちょっとキーが低くてもいいのにと思ってしまうのだ（「女性アイドルは高いキーで歌うもの」という観念が影響したのかも）。

いよいよ細かい話ですみません。気になって調べてみたら、原曲のキーはA♭mで、「レッツゴーヤング」では半音下げたGmだった（さらには、シングルの歌詞カードにある楽譜のキーもGm）。やはり原曲キーが高いという認識があったのだろうか。

時は巡って、89年4月29日・30日によみうりランドEASTで行ったライブ『AKINA INDEX-XXIII The 8th Anniversary』でも『トワイライト』を歌っているのだが、これが素晴らしい。レコード音源や先の「レッツゴーヤング」にはない円熟味と安定感がある。

キーは――なんとFm。原曲から短三度も下げている。カラオケ機のキー操作でいえば「-3」。やはり、これが中森明菜本来のキーだったのだ。

G♯m↓Gm↓Fm。夕暮れの太陽のようにキーが落ちていくにつれ、歌声に明菜ならではの色が濃く染み出していく。そう、明菜色は夕暮れ色なのだ。

NEW AKINA エトランゼ

リリース　1983年8月10日
オリコン最高　1位
売上枚数　48・2万枚

「NEW AKINA」と、タイトルが少々野暮ったくなった。

帯コピーは「ヨーロッパ・レコーディング、撮影、そして新しい作家との出逢い。明菜2年目の歴史がここから始まる。」――ヨーロッパ・レコーディングとは、パリの「ル・シャトー」というスタジオでの「歌入れ」を指す。

アルバムの中にもフランスで撮影された中森明菜の写真が満載。表ジャケットはハーフシャドウで大人っぽい感じだが、裏ジャケットはまだまだあどけない。リリース時点で18歳になりたてというタイミングである。

なお、本アルバムの22年リリース版の解説で、島田雄三は「頑張っている明菜やスタッフを慰労するため」の「海外旅行」と書いているので、まぁ、そういうことだろう。

相変わらず作家陣は多種多彩。以下の5組が2曲ずつで計10曲。うち9曲の編曲に萩田光雄が携わっている。

・来生姉弟
・阿木燿子&財津和夫
・横浜銀蝿（翔とTAKU）
・谷村新司
・売野雅勇&細野晴臣

シングル曲は未収録。そろそろアルバムだけで独自の世界を作っても、ファンはついてくるだろうという判断か。

まず印象に残るのは、ボーカリストとしての一皮むけた感。前作『ファンタジー〈幻想曲〉』の項に書いた「ストレート」（地声／パワー系）は磨きながら、「変化球」（ささやき／脱力系）を自分のものにしつつある感じ。この配球があれば、18歳にしても、とりあえず先発ローテーションには入れるという感じがする。

楽曲も、ストレートと変化球を交互に配球している。CDでいえば、曲番号奇数がストレート、偶数が変化球となる。

確認するのは、いよいよしつこいようだが、来生姉弟との兼ね合いのよさだ。特に『さよならね』のパワフルなストレートは、自信たっぷり。また逆に、幼さを感じさせる（演出している？）『ストライプ』の発声も、一皮むけたこの段階で、かえって魅力的。

『ルネサンス－優しさで変えて－』での細野メロディとの兼ね合いのよさは、次のシングル『禁区』によって広く証明される。次作アルバムの『１００℃バカンス』でも細野はいい仕事をするのだが、逆に、当時の大貫妙子が歌いそうなど真ん中テクノ『モナムール（グラスに半分の黄昏）』までいくと、ちょっと荷が重かったか。

財津和夫や谷村新司というビッグネームとは、正直、ややセンスが合わなかった感じ（財津による『時にはアンニュイ』の迫力は買えるが）。細野晴臣＞財津・谷村。中森明菜には70年代ではなく、80年代の空気が合っている（余談：実は年齢も、細野＞財津・谷村）。

横浜銀蝿の起用は意外だけれど、当時の彼らの勢いを考えると、あり得なくもない。それにしても編曲まで手掛けていることや（萩田光雄と連名だが）、ＴＡＫＵという人が「わくらば」という言葉遣いをしているのに驚く（わくらば【病葉】――病気や虫のために変色した葉。特に、夏の青葉の中にまじって、赤や黄色に色づいている葉／『デジタル大辞泉』（小学館）より）。

自らの強みであるストレート・ボーカルに磨きをかけながら、変化球ボーカルも身に付けた。ボーカリストとしていよいよ一皮むけ、いよいよ音楽シーンの先発投手としてのし上がっていく踏み切り板のようなアルバムである。

#6
禁区

作詞　売野雅勇
作曲　細野晴臣
編曲　細野晴臣・萩田光雄
リリース　1983年9月7日
オリコン最高　1位
売上枚数　51・1万枚

細野晴臣という「劇薬」が生み出した「第一期」の総括としての1曲

オリコン1位奪還。売上も再度50万枚に乗せる。驚くのは、まだデビューから1年と4カ月という事実である。さらに驚くのは、たった1年4カ月だというのに、次のシングルを考えたら、この曲が「中森明菜第一期」の終わりという感じさえすることだ。

ここまで見てきた通り、シングル曲は「ツッパリ路線」と「バラード路線」を行き来してきた。しかし次項で述べるように、続く『北ウイング』はその真ん中路線であり、これをして「第二期」の始まりだとするならば、「第一期」は『禁区』で終わりになるという考えで物言いしている。

もちろん「ツッパリ路線」だ。しかし、これまでの芹澤廣明作曲の『少女A』、大沢誉志幸作曲『1／2の神話』に比べて、聞こえがかなり異なる。なぜならば作曲家に、芹澤、大沢を超える「劇薬」＝細野晴臣を起用しているからだ。

曲について語る前に「1983年の細野晴臣」がいかにすごかったか、いかに時代の寵児だったかを追ってみたい。

まずYMO（イエロー・マジック・オーケストラ）として、3枚のシングル、2枚のアルバムをリリース。

（シングル）

・3月25日『君に、胸キュン。』
・7月27日『過激な淑女』
・9月28日『以心電信』

（アルバム）

・5月24日『浮気なぼくら』
・12月14日『サーヴィス』

そして年末に行われた「1983YMOジャパンツアー」の後、YMOは「散開」（解散の意）するのだが、とにかくまずYMOとしても怒涛の活動ラッシュにもかかわらず、驚くのは、中森明菜のライバル的存在の松田聖子にもシングルを2曲提供していることだ。

・4月27日『天国のキッス』
・8月1日『ガラスの林檎』

さらにキリンビール「ビヤ樽」のCMや映画『居酒屋兆治』に出演、また、YMOの活動ラッシュと連動したメディア露出も、極めて多かった。つまりは、おそろしく多忙な中で、中森明菜側からの発注を引き受けている。

けっこう有名な話になるが、YMO名義で7月に発表されたシングル『過激な淑女』は、この『禁区』の制作プロセスで作られたものだった。具体的には、『禁区』とコンペで争った結果、選ばれなかった曲である。このあたりのややこしい経緯について、『オマージュ〈賛歌〉to 中森明菜』における売野雅勇の発言を引用。

――〝禁区〟は詞先です。当時は作詞家と作曲家が、詞を先に書いたものと、曲を先に書いたものをそれぞれ作って交換して2曲作るやり方があったんだけど、このときは細野さんが先に作った曲がなぜか出てこなくて、後からボツになったらしいと聞きました。

つまり、

(1) まず、売野雅勇は『禁区』の歌詞を作り、細野晴臣は『過激な淑女』のメロディを作った。

(2) しかし『過激な淑女』のメロディはボツになり、細野晴臣が『禁区』の歌詞からメロディを作った。

ということになる。

賢明な判断だったのではないか。というのは、YMO版『過激な淑女』には、『禁区』のような、頭から徐々に盛り上がっていく構成になっていないからだ。逆にいえば、『禁区』によって、中森明菜はボーカリストとしての鉱脈を発見した感じさえする。

よく聴いていただきたい。歌い出しが抑制的（かつ高い「憑依力」付き）で、そしてサビで朗々と爆発する歌いっぷりは、のちの「中森明菜全盛期」の先駆ともいえるもの。

特にサビの最後「それはちょっとできない相談ね」の部分に注目してほしい。「相談【ねーーー】」の部分は、『北ウイング』『ミ・アモーレ』、そして『DESIRE -情熱-』の「Get up, Get up, Get up, Get up, Burning【love ーーー】」と直結するではないか（余談だがこのパート、当時の大阪では「そうだんねん」と大阪弁的に替え歌するのが流行った）。

「中森明菜全盛期」のボーカルスタイルを発見しながら、彼女の「第一期」が終わる――。

細野晴臣に話を戻す。正直にいって、松田聖子『ガラスの林檎』の名曲性は『禁区』を上回る。「眼を閉じて　あなたの腕の中」のところのメロディとコード進行は、細野晴臣のマスターピースのひとつだろう（ベーシストだからか、ベースとコードが巧みな関係で動くところが素晴らしい。後述する）。

対して『禁区』は、先のようなおそろしい多忙さの中で作られた結果の産物という感じもするのだが、それでも『過激な淑女』に加えて、アルバム『NEW AKINA エトランゼ』（83年）収録の細野晴臣作曲『ルネサンス-優しさで変えて-』『モナムール（グラスに半分の黄昏）』と続けて聴くと、当時の細野が目指したであろう、陰鬱かつ淡々とした世界観がよく伝わってくる。

それらは、いま時代の寵児として君臨する36歳の音楽家が、これから時代の寵児として君臨しようとしている（ちょうど半分の年齢である）18歳の少女に託したメロディだ。

さて、『過激な淑女』を抑えて『禁区』が選ばれたのには、メロディに加えて、売野雅勇の作った歌詞がより魅力的に映ったからだと、私は思うのだ。

そもそも私は長らく、「禁区」と「禁句」を混同していた。「禁句」同様、世の中にすっかり馴染んでいた言葉だと勘違いしていた。サイト「zakzak」（２０２１年２月10日）の記事における売野雅勇の発言。

――「コピーライター時代に（フォークグループの）アリスの中国・北京公演（81年5月）に同行したことがあったんです。そのときに会場内を歩いていたら裏手にドアがあって、そこに大きな文字で『禁区』と書いてあったんです。実はこの文字に、これまで味わったことのない、ものすごい拒絶感のようなものを感じたんです。そのときに、いつか『禁区』というフレーズを使いたいと思ってきたんです。」

編曲は細野晴臣に加えて、シングル5作連続、圧倒的な信頼を寄せられていたと思われる萩田光雄。細野によるテクノポップ成分に加えて、萩田によるツッパリ成分が見事に異種配合されていて、盤石な印象を与える。

そして、その盤石なアレンジに乗って、中森明菜のボーカルは、抑制から爆発まで駆け上がる。

駆け上がった先には輝かしい「第二期」が見える。それは中森明菜が豊かな音楽性で、他を寄せ付けなかった時代。つまり明菜のライバルたちにとっての「禁区」だった。

第二期〈飛翔〉

1984-1986

#7 北ウイング

作詞　康珍化
作曲　林哲司
編曲　林哲司
リリース　1984年1月1日
オリコン最高　2位
売上枚数　61・4万枚

18歳の少女が自らたぐり寄せた第二期への飛翔は成田空港から

84年元日の夜明け、つまり初日の出は、「中森明菜第二期」の幕開けでもあった。

——これはスゴイ。とんでもない。何がとんでもないかというと、作曲家の人選と、曲のタイトル＝楽曲のコンセプトを決定する、要するにプロデューサーの役割を、二〇歳にも満たない女性アイドル歌手が務め上げ、結果、オリコン年間九位の大ヒット曲を生み出したということが。

拙著『1984年の歌謡曲』（イースト・プレス）からの引用。作曲家・林哲司の人選とタイトル「北ウイング」が中森明菜自身からの提案だということを『Hotwax presents 歌謡曲名曲名盤ガイド　作曲家編』（シンコーミュージック）という本で知ったときの衝撃を、生々しく書いている。

『林哲司 全仕事』（音楽之友社）という本にも、「本人からの指名に林哲司も少なからず驚いた」「『北ウイング』という曲のタイトルも明菜本人が最終的に提案」と書かれているので、事実なのだろう。

中森明菜は、杉山清貴&オメガトライブの楽曲を気に入って、林哲司を指名したとされるが、出来上がった『北ウイング』は、例えばオメガトライブの『SUMMER SUSPISION』（83年）よりも、結果的に、同じく作曲：林哲司、作詞：康珍化のコンビによる杏里『悲しみがとまらない』（同年）に近い仕上がりに感じる。

あらためて、この曲の傑作性について。

右記『1984年の歌謡曲』でこの曲を取り上げたときでさえ、白状すれば、それほど強い思い入れを抱かなかったのだが、今回、シングルをデビューから順を追って聴き込んできたので、この曲と当時の彼女とのフィット感、ひいてはこの曲の傑作性がよく分かるのだ。

決して、これまでの曲が駄作だというわけではない。ただ、『北ウイング』と比べると、発想の地盤のようなものが、まるっきり異なる気がする。生息する宇宙が違うというか。

――中森明菜さんにヒット曲の中には芹澤廣明さんが作った「少女A」というツッパリというかエッジが効いてアグレッシヴなイメージと、来生たかおさんが作った「スローモーション」、「セカンド・ラブ」の優しい女の子像とで両極端なイメージがあるので、そのどちらかかな?とか。島田さんから出たのが、その真ん中で行って欲しいということだったんです。

日本テレビ音楽のサイトにあった林哲司インタビューより。「発想の地盤」、それは「真ん中」だ。「ツッパリ」路線と「優しい女の子」路線の真ん中。ミドル・オブ・ザ・ロード。このコンセプトが冴えている。そしてメロディも歌詞も、そのオーダーに見事に応えている。

「コンテンポラリー」という言葉を思い出す。「同時代的な、現代の」などと訳されるが、80年代の音楽界では「ど真ん中」の「旬な音」という意味合いを持っていたと思う。つまり、流行に乗りながらも、一時期の流行として消費される「端っこ」の音ではない感じ（加えて「洋楽感」的意味合いも込めつつ、以降、この言葉を使っていく)。

そのコンテンポラリー感は、もう歌い出しで一気に溢れ出す。これまで述べてきた「音域問題」だが、「Love Is The Mystery」が実音(固定ド)で「ソ♯ファ♯ミ・ソ♯ラソ♯ー」(キーはC♯m)と、当時の彼女のもっとも魅力的な音域で歌われる。また「不思議な力【でーーー】」の歌い伸ばしは、『禁区』の「相談【ねーーー】」同様、「朗々と爆発する歌いっぷり」だ。ここの実音もソ♯でいい感じ。

――とかく人気先行でデビューするアイドル歌手にも飛躍的に歌唱力がアップする時期がある。中森明菜にとっては、まさにこの「北ウイング」を歌ったときがそうであったように思う。(『林哲司 全仕事』)

まさに。

字数の関係で、本編を飛ばして、いきなりエンディングに飛ぶが(空港ものだけに)、コーラスグループ「EVE」による英語のバックと、中森明菜のソロが張り合っているところは、何度聴いてもゾクゾクする(4分あたり)。

最後に、康珍化による歌詞についても触れておこう。

「ツッパリと優しい女の子」——これまでの、どこか書き割り・張りぼての世界の住人のようにも見えた女性像から、一気に都会の女、強い女、でもどこか疲労感をたずさえた女——つまりは中森明菜本人とシンクロする女性像になっている。「中森明菜第二期」の歌詞世界が、ここに見えた！

当初は「夜間飛行（ミッドナイトフライト）」というタイトルだったが、中森明菜の提案で「北ウイング」と改題されたのだという。普通名詞ではなく、成田空港に実在する固有名詞である後者のほうが、まさに実在する彼女本人と強くシンクロするではないか。

彼女はこの曲で「中森明菜第二期」を迎え入れた。いや迎え入れたのではなく、自らたぐり寄せたのだ。まだ、たった18歳の少女なのに。

#8 サザン・ウインド

挑戦心・野心がふんだんに詰め込まれた1曲を歌いこなす余裕

作詞　来生えつこ
作曲　玉置浩二
編曲　瀬尾一三
リリース　1984年4月11日
オリコン最高　1位
売上枚数　54・4万枚

デビュー2周年を目前とした中森明菜がリリースした、「シングル15曲連続1位」という金字塔の号砲となる1曲である。

ただし「シングル15曲連続1位」というキラキラとした額面に水を差す訳ではないが、中森明菜が1位に君臨した80年代中盤は、レコードメディア末期、かつCDメディア普及前夜という過渡期で、つまり音楽市場が底を打った時期だった（詳しくは拙著『1984年の歌謡曲』を参照）。

元気のない音楽市場の中で、中森明菜が一人君臨、孤軍奮闘するさまを、ここから15曲分、確かめていきたいと思う。

ちなみに前作『北ウイング』は、この曲を上回る61・4万枚を売り上げたにもかかわらず、2位に留まった。その理由は、97・0万枚という（当時としては）特大ヒットとなった、わらべ『もしも明日が…。』が1位を占拠していたから。そういう意味では、ちょっと不運だった。

『北ウイング』に続く「真ん中」「コンテンポラリー」コンセプト路線で、個人的に『北ウイング』に与えたほどの激賞はしかねるものの、それでも評価の歩留まりは高い。挑戦的・野心的なところがいいのだ。

まず、来生えつこによる歌詞世界は、その後のシングルの一角を占める「エキゾティック路線」の先駆となっている。「ツッパリ路線対バラード路線」という構図が「トーキョー路線対エキゾティック路線」に変わっていく。もちろん、この構図の変化は、その後の中森明菜を考えると、どこをどう突っついても正しかったといえる。

この段階で、作曲に玉置浩二を起用したことも実に挑戦的。前年＝83年11月25日発売の安全地帯『ワインレッドの心』で名が知られたブレイクしたての存在にシングルA面を託すという判断の早さに驚く（さらに驚くべきことに、B面では『禁区』のカップリング『雨のレクイエム』をすでに担当）。先見の明とは、このことをいう。

玉置浩二によるメロディは、いい意味で力が入っている。

ちょっと専門的になるが、作曲家としての彼の持ち味は、分数コードとテンション（特に9度）の多用で、端的な例としては、『ワインレッドの心』の「あの消えそうに燃え〝そうな　ワインレッドの」の〝　〟内は分数コード＋9度の響きになっている（コードが【F♯m/E】でメロディがG♯＝ソ♯の音）。

そんな持ち味は、この曲でも十分に発揮されている。音楽に詳しくない方でも、『北ウイング』に比べて、ちょっと複雑というか、いい意味で洗練、悪くいえば、ちょっと小難しい印象を抱くのではないか。

ただ、そのあたりが奏功して、『北ウイング』の勢いをほぼほぼ引き継いで、少々ベタだった「第一期」を超越、コンテンポラリーな「第二期」への進化を盤石なものとした。

そんな挑戦心・野心の極め付けは、瀬尾一三の編曲だと思う。ＢＰＭ＝１５５という速いテンポで、おそろしく速いフレーズを弾くストリングスの華やかさたるや。

編曲は全体的に、前年リリースのヒット曲＝ＹＥＳ『ロンリー・ハート』（Owner Of A Lonely Heart）への、かなり直接的なオマージュとなっている。

当時、中森明菜は、暇さえあればいろんなレコードを聴いていたという。『ロンリー・ハート』の日本での発売は、彼女の所属レコード会社＝ワーナー・パイオニアからだったので、サンプル盤か何かで聴いて気に入った彼女の意向が反映された可能性も低くないだろう。

ちなみに『ロンリー・ハート』発売は、『ワインレッドの心』同様、83年末。だから、この点についても判断のスピードはかなり早い。先見の明だ。

そして中森明菜は、そんな挑戦的で野心的な作品を、これまでよりも余裕で歌いこなしているように感じる。レコーディング音源もそうだし、いくつかのテレビ番組で歌った映像でも、どこか楽しそうに歌っている。左脚の前で手をふらふらさせる独特な振り付け（彼女自身の発案という）も絶好調。

レコーディング音源については、慌ただしい東京を離れて、歌詞とリンクしたようなバハマ・ナッソーのコンパス・ポイント・スタジオで収録された影響も大きかったのではないか。

このスタジオ、音楽ファンには、ローリング・ストーンズ『エモーショナル・レスキュー』（80年）のレコーディングで知られるところで、邦楽では加藤和彦『パパ・ヘミングウェイ』（79年）となるが、個人的には、中学生のときにどハマりしたプラスチックスのラストアルバム『WELCOME BACK』（81年）の印象がとにかく強い。

16年に発売された『WELCOME BACK』のリイシュー盤には、コンパス・ポイント・スタジオで撮られた、真っ青な空と海、実に風光明媚な写真が多数収められている。そのような環境で録音された結果と考えると、ボーカルの出来具合に合点がいく。さらには、同地で撮影されたアルバム『ANNIVERSARY』のジャケットの笑顔にも。

ただし、リバーブがちょっと深過ぎる感じもして、このあたり、のちのサウンド志向の結果としての「中森明菜リバーブ祭り」の前触れだと思ったりするのだけれど。

挑戦心・野心溢れる1曲にひるまず、むしろ余裕で楽しみながら、「第二期」に向けた「シン・中森明菜」がぐんぐん進んでいく。

ANNIVERSARY

リリース　1984年5月1日
オリコン最高　1位
売上枚数　47・6万枚

デビューからちょうど2年となる84年5月1日に発売されたアルバム。

音楽（だけ）を語るスタンスの本書だが、このアルバムについては、ジャケットについて言及しないわけにはいかない。素晴らしい。出色の出来。

本人の資質に加えて、奇才揃いの作家陣にも恵まれ、デビューから一気にブレイク、頂点に立った後、素の自分に煙幕を張っていく（もしくは素の自分を変容させていく）流れを追うことになる本書だが、このジャケットの中では、「少女A」ならぬ、実在する18歳の生身の「少女明菜」が、確かに息づいている。

また、歌詞カードを彩る写真それぞれにも、ニコニコと笑う姿が満載で、いかにバハマという地が彼女に合っていたか、そしていかに彼女が解放されたかが、手に取るように分かる。

従来の来生姉弟に加え、玉置浩二、尾崎亜美、細野晴臣など、作家陣は相変わらず多岐にわたる。注目すべきは編曲陣、瀬尾一三と若草恵の活躍で、それぞれ計4曲ずつ担当。逆に、萩田光雄はたった1曲に留まる。残る1曲は『北ウイング』の林哲司だ。

A面とB面を比べると、A面に軍配が上がると思う。というか、しつこくて申し訳ないが、やはり『北ウイング』が図抜けているのだ。大げさにいえば『北ウイング』か、それ以外かという感じ。

対して、来生姉弟はA面の『まぶしい二人で』で気を吐く。約5分にわたる壮大なバラードで、中森明菜のボーカルは、その壮大さにやや追い付いていない感じも受けるものの、それでも、こういうメジャーキーのバラードを、80年代のシングルでも聴きたかったと思わせるに十分な出来だ。

個人的に気に入ったのは、B面1曲目の『100℃バカンス』。作家陣は、作詞：売野雅勇、作曲：細野晴臣という『禁区』コンビ。

アルバム『NEW AKINA エトランゼ』における、同コンビの『ルネサンス―優しさで変えて―』『モナムール（グラスに半分の黄昏）』の陰鬱さとは一転、明るいアイドルポップスになっていて、「Ziri Ziri」「Gira Gira」「ハラハラ　パラダイス」「フラ　フラミンゴ」

などのフレーズを歌う中森明菜も楽しそうだ。

同じく「ジリジリ」というフレーズが込められた小泉今日子『まっ赤な女の子』（作詞は『北ウイング』の康珍化）が前年リリースなので、この路線をこの時点でシングル化するのはちょっと難しかったのかもしれないが、80年代に1枚でもチャレンジしていたら、テレビカメラの前で「Ziri Ziri」と歌っていたならば、その後の中森明菜の音楽人生は変わったのではないか。

もう1曲選ぶとすれば『メランコリー・フェスタ』。「明菜ロングトーン」が楽しめるコンテンポラリーな1曲だ。

最後に、A面4曲目にそっと寄せられた『夢を見させて…』は、中森明菜本人の作詞。「心から笑うことを知りません　心を打ち明けることを知りません」という文字列に驚く。明るいバハマの空の下で明るく振る舞いながら、心の中にはどのような葛藤を抱えていたのか、知りたくなる。

#9 十戒（1984）

作詞　売野雅勇
作曲　高中正義
編曲　高中正義・萩田光雄
リリース　1984年4月11日
オリコン最高　1位
売上枚数　61・1万枚

今さらのツッパリ路線に「発破」をかけた高中正義と売野雅勇

この曲については、後述するように、歌詞の話が本論とならざるを得ないが、まずは作曲家としての高中正義の起用について述べたい。

当時、日本を代表する人気ギタリストで、当時の私の脳内ディレクトリでは、渡辺香津美、鮎川誠、竹田和夫らと並んでリストアップされていた存在。

ここで、初期中森明菜のシングルが擁した、来生たかお、玉置浩二、高中正義という一見、何の共通項もない多様な作家陣を見て、今さらながら、ある共通項を確認するのだ。

――「キティ系」。

キティ。Kitty。日本大衆音楽史上、立志伝中の人物である多賀英典が立ち上げたグループで、音楽から映画、マネジメントに至るまで、幅広い業容を持ったグループに成長したのだが、先の3人は全員、キティレコード所属だったのだ。

なお、次のシングル『飾りじゃないのよ涙は』を作詞・作曲した井上陽水は、多賀英典が売り出し、特大の成功に導いた音楽家であり、つまり「初期中森明菜」を陽にかざすと「K・I・T・T・Y」の5文字があぶり出される。

余談を続ける。私は大学4年生のとき、89年の夏、就職活動の一環で、キティグループの会社説明会を訪ねた経験がある。会場は目黒区にあった今はなき「こまばエミナース」。「ギョーカイ」志望の大学生で超満員。当時キティの顔だった久保田利伸（後に紹介する『清教徒（アーミッシュ）』を中森明菜に提供）がゲストで来たと記憶する。

グループに分かれ、学生同士で模擬ディスカッションをやって（やらされて）、結果その後、私には何の連絡も来なかったのだが、それはともかく、時はバブル真っ盛り、「音楽界を制覇してやる」と言わんばかりの、キティ社員たちの鼻息に吹き飛ばされそうになったのを憶えている（そのキティの現状については、各自で検索されたい）。

前置きがとても長くなった。ギタリストが作ったせいか、メロディに器楽的な印象を受ける。冒頭から、余計な抑揚を付けず、サビに向かって一直線で盛り上がり、サビ最後の

「イライラする【わーーー】」で一気に爆発。【わーーー】の音は上のG（ソ）の音で、中森明菜のゴールデンゾーンとでもいえる音域で伸びに伸びる（80年代後半のライブではさらに伸びに伸びる）。

高中正義の起用で、もちろん自身の弾くギターがギャンギャンとなるのだが、それでも『少女A』と比べるとおとなしい。ハードロックというよりもむしろ「最新の洋楽サウンド」への接近が見て取れる（同年のアルバム『POSSIBILITY』全体にも）。具体的には、前作『サザン・ウインド』同様、「YES『ロンリー・ハート』み」を感じてしまう。

さて、歌詞の話を後回しにしたのは、拙著『1984年の歌謡曲』にこんなことを書いたからだ。つまりはちょっと億劫で。

——しかし、それにしても、ちょっとやりすぎではないかと思うのだ。いくらなんでも「♪発破（はっぱ）かけたげる」はないだろう。あと、これはこの本のサブテキスト=中川右介『松田聖子と中森明菜』（朝日文庫）でも指摘されているように、「♪坊や」という言い回しと「♪カタつけてよ」は、それぞれ山口百恵の『プレイバックpart2』と『絶体絶命』からのあからさまな引用。

なお、ちょっと細かい話をすれば、「発破かけたげる」の印象が強過ぎるのは、そのリズムにも原因がある。「発破（ドン）かけたげる」――この（ドン）の4分音符に、それこそ「ドンくささ」を感じるのだ。若い方のために補足すれば、「発破」の原義は「爆薬を用いて物体を破壊すること」で、まさに「ドン」である。

このような『十戒（1984）』歌詞観は、私だけのものではないようで、いくつかの中森明菜本において「ツッパリ路線」への回帰の「今さら感」が指摘されている。『中森明菜の真実』で、当時、所属レコード会社の担当プロモーターだった田中良明はこう語っている。

――「特に、『十戒（1984）』で、かつての〝ツッパリ三部作〟の売野さんに戻ったのですが、明菜自身は多分『もうこういった企画じゃないんじゃないの』と思っていたように今更ながら感じますね。」

ここで、驚くべき事実に遭遇する。歌詞は当初、松任谷由実に依頼されたというのだ。最終的に作詞を担当した売野雅勇がこう語る。

——『十戒（1984）』のメロディーには俺が作る前に、ユーミンが書いた歌詞が付いていたんだよ。すごくいい歌詞だったみたいだけど、方向性が違ったからボツにしたんだって」（サイト「週刊女性PRIME」2021年8月4日）

——「俺も（その歌詞を）見たかったんだけど、ディレクターがちゃんと読ませてくれなくて。どうしても、ってお願いしたら最初の1、2行だけ教えてくれた。『ガードレールに腰掛けて、ポニーテールをほどいた』みたいな歌詞だったかな。〝中森明菜〟を意識してカッコいいでしょ？」（同）

なんでも、作曲を担当した高中正義が、自身の判断で松任谷由実と話を進めたらしい。しかしその方向性はボツになり、結果、「発破かけたげる」のツッパリ路線に戻されたのだ。もし84年、猛烈な加速度でのぼりつめる19歳の中森明菜と、アルバム『NO SIDE』をリリースした30歳のユーミンが出会っていたら、何が起きていたのだろう。高中正義の器楽的なメロディに乗せて「ガードレールに腰掛けて」と歌う幻の曲を、猛烈に聴いてみたくなる。

初期（第一期）中森明菜の大ブレイクを仕掛けた、最大の功労者の一人、売野雅勇が中森明菜に手掛けた曲は、この『十戒（1984）』が最後となった。

——「明菜ちゃんがセルフプロデュースに目覚めてきたことで、コンセプト重視で進めてきたディレクターさんが、彼女のことをコントロールしづらくなってきたみたい。もちろん、その要因は、俺の歌詞にもあるんだろうね。」（同）

輝かしい第二期の中で、二十歳を超えた歌姫が、強烈な自我を君臨させる「第三期」の足音が聴こえる。

POSSIBILITY

リリース　1984年10月10日
オリコン最高　1位
売上枚数　62・4万枚

前作アルバムに続いて1位を獲得。さらには売上枚数も5万枚ほど積み増している（LP）。「無限の可能性」という意味を込めたというタイトルの読みは「ポッシビリティ」ではなく「ポシビリティ」。

『オマージュ〈賛歌〉to 中森明菜』の島田雄三発言によれば、アルバムのビジュアル面については、ほとんど口出しはしなかったそうなので、ジャケットに映る肩をはだけたセクシーな姿は、中森明菜本人の美意識が発露したものと思しい。「アイドル」という枠から、自らはみ出していった少女の姿がそこにある。

アルバムとして印象が強いのはA面（CDでは#5まで）。特に#1〜#3＝『サザン・ウインド』『秋はパステルタッチ』『October Storm －十月の嵐－』は迫力満点だ。

アルバム全体がコンテンポラリー感の追求に向いているように思うが、この3曲だけを抜き出して特別にコンセプトを読み取るとすると、さらに具体的に「84年の最新洋楽感」の追求ということになる。

『サザン・ウインド』のサウンドは、すでに書いたように、YESの『ロンリー・ハート』のサンプリング・サウンドを手弾きで表現しようという大胆な試みだ。派手派手、さらに派手という感じのストリングスとホーン、瀬尾一三アレンジは白眉。

続く『秋はパステルタッチ』『October Storm －十月の嵐－』で想起するのは、当時の最新映画音楽である。

高中正義作・編曲の『秋はパステルタッチ』から感じたのは、映画『フットルース』のサウンドトラック（サントラ）収録、デニース・ウィリアムス『レッツ・ヒア・イット・フォー・ザ・ボーイ』（84年）。ケヴィン・ベーコン主演で大ヒットした同映画は、米国で84年2月、日本では7月の公開だったので、映画から取り入れたのだとしたら、かなり早い手さばきとなる。

続く、林哲司作曲、萩田光雄編曲の『October Storm －十月の嵐－』の疾走感は、前年83年の映画『フラッシュダンス』のサントラ収録、マイケル・センベロ『マニアック』を強く感じさせる。

以上#1～#3、総じていえば、60年代の和製翻訳ポップスやグループサウンズ（主にライブ活動）同様、「最新の洋楽を、日本という場にいち早くアダプトする」という運動体を目指したことを感じさせるのだ。

しかし、そのような試みだけが先立てば、62・4万枚という数字は叩き出せなかっただろう。ということで、これまでの延長線上にある作品も収められているのだが、勢いと熱気のある#1～#3に続いての#4『リ・フ・レ・イ・ン』、#5『地平線（ホライゾン）』、加えて#8『白い迷い（ラビリンス）』を聴いた瞬間、正直、少々まどろっこしく感じる自分がいる。

#1～#3に比べて、これらの曲が手を抜いているとは思わない。むしろ、これまでの流れをしっかりと保持した秀作なのだが、ただ、中森明菜の進化が早かった、早過ぎたからこそ、秀作にもかかわらず、まどろっこしく感じるのではないか――。などなど、というような議論を大股で飛び越えて、有無を言わさないのがB面ラストの#10『ドラマティック・エアポート－北ウイングPart II－』。「彼」のもとに旅立つ『北ウイング』の続編として「あなた」が帰ってくるという、この曲の横綱相撲的安定感はどうだろう。

「1984年の中森明菜」を代表する1曲といえばやはり、この曲も含めた『北ウイング』なのだろう。でも、もし2曲とするなら、次に紹介するシングルを入れる。

#10

飾りじゃないのよ涙は

作詞　井上陽水
作曲　井上陽水
編曲　萩田光雄
リリース　1984年11月14日
オリコン最高　1位
売上枚数　62・5万枚

翌年に明菜を女王として君臨させる最後の「劇薬」としての1曲

これまでのシングルに比べて、ジャケットが大きく変わった。前作『十戒（1984）』の、鏡を横に不敵な眼差しで見つめるジャケットからその予兆はあったが、今回はさらに大変化だ。

黄色いバック、緑の衣装、そして顔だけモノクロという、よくいえば先鋭的、逆の表現をすれば、とらえどころがない。ただ、中森明菜というプロジェクトが、大きな世評を得ていく中で、「アイドル」を超えたアート＝総合芸術に向かっていることだけは、雄弁に語っている。

担当プロモーター・田中良明は「(註:中森明菜と)意思の疎通が取れなくなってきた」「ギクシャクしてきた部分もありました」と語っている(『中森明菜の真実』)。もう流れが変わってきている。中森明菜は昔の明菜ではない。

そんな動向に拍車をかけたのが、井上陽水という「劇薬」の投入である。劇薬とは適切な表現ではないかもしれないが、即効性は十分にある。強烈に効く。ただ副作用も大きい。彼女のシングルヒストリーの中では、加藤登紀子による『難破船』(87年)と並ぶ劇薬だったと思う。副作用の結果として、「意思の疎通」はさらに取りにくくなっただろう。

ただ、井上陽水という人選も「キティ人脈」と捉えると、実は突飛なものではなく、これまでの流れの中に位置付けられる。

『オマージュ〈賛歌〉to 中森明菜』の島田雄三発言によれば、アルバム『POSSIBILITY』用に『夢の中へ』のような曲を依頼したら、この曲が上がってきたのだという。そして、井上陽水本人がスタジオに来て、中森明菜と同じキーで「仮歌」を歌った。その仕上がりが格別で、「スタジオじゅうが陽水さんの世界に引き込まれ」(島田氏)、シングルカットが決まったらしい。

劇薬が調合された瞬間——。

思い出すのは、まだ駆け出しだった佐野元春が、沢田研二のアルバム『G.S.I LOVE YOU』

（80年）に曲を提供したとき、佐野自身がスタジオで仮歌をノリノリで歌って、沢田研二がそれに感化されたというエピソードだ（80年代の沢田研二の歌い方には、佐野の影響があると私は見ている）。

また、劇薬とはいえ、歌詞は乱暴な作りではなく、また井上陽水一流のシュールなものでもなく、ちゃんと計算して書かれていると思う。というのは「不良少女は案外、純粋な恋愛物語を好む」という、これまで本書で書いてきた観点をしっかりと踏襲していることだ。

何といっても「泣いたことがない」不良と「涙」という純粋性のシンボルの組み合わせなのだから。逆にいえば、井上陽水ですらも、当時の中森明菜が持っていた不良性と純粋性が生み出すオーラに吸い寄せられたということか。

あと感心するのはタイトル「飾りじゃないのよ涙は」だ。言語学者の川添愛は、私との対談イベント（下北沢Ｂ＆Ｂ「桑田佳祐の〝ことば〟を大解剖！」２０２２年7月8日）において、タイトルに使われている倒置法について、こう語った。

――倒置法は印象を強くするという効果があります。日本語の歌詞だと『飾りじゃないのよ涙は』とかがありますね。もしこれが「涙は飾りじゃないのよ」だったら、あそこまで売れていないと思うんです。（中略）『浪花節だよ人生は』も、「人生は浪花節だよ」だったら絶対にヒットしていなかったはずです。

ちなみに、細川たかし版の『浪花節だよ人生は』がヒットしたのも84年。「倒置法歌謡」の当たり年だったのかもしれない、この年は。さらに余談だが、歌詞の最後のほうに出てくる「ダイヤと違うの涙は」は、松田聖子『瞳はダイアモンド』（83年）の最後にある「涙はダイアモンド」への当てこすりという説もある。

萩田光雄の編曲も、劇薬の効果倍増に貢献している。84年型キラキラサウンドの中でシャッフルビートが軽快に跳ねている。

「速い車にのっけられても」からのところで、暴走族のクラクションのような半音階が「パラランパラララ」と鳴るあたりは、『サザン・ウインド』における瀬尾一三による「人力『ロンリー・ハート』編曲」と共通する。そのいい意味での遊び心が、プロジェクト全体の潤滑油となっていたことがうかがえる。

で、中森明菜のボーカルについて。もちろん、この時期になると十分な安定感を持って歌っている。ただサビのところで奇妙なボーカルエフェクトがかかっているのが、彼女自身のサウンド志向の表れなのだろうが、あぁもったいないと思う。テレビやライブにおけるサビの表現力が抜群なのに対して。

井上陽水に話を戻す。84年から85年にかけて、つまり80年代の前半と後半のブリッジとなったのは「井上陽水ブーム」だった。そのブームの登場人物の3曲。

歌手名『曲名』（発売日／売上枚数（万枚））

・井上陽水『いっそセレナーデ』（10月24日／35・3）

・安全地帯『恋の予感』（10月25日／43・6）　※井上陽水作詞

・中森明菜『飾りじゃないのよ涙は』（11月14日／62・5）

圧巻なのは、12月10日付のオリコン週間ランキングである。

1位　チェッカーズ『ジュリアに傷心』

2位　中森明菜『飾りじゃないのよ涙は』

3位　安全地帯『恋の予感』

4位　井上陽水『いっそセレナーデ』

5位　松田聖子『ハートのイヤリング』

2位から4位を井上陽水関連作品が占めている。また、1位は中森明菜プロジェクトで名を上げた「売野雅勇・芹澤廣明」という『少女A』コンビの作品、そして5位はライバル中のライバル、松田聖子という実に味わい深いラインナップだ。

84年が終わり、85年がやってくる。つまり、80年代後半がやってくる。中森明菜が手にするのは、20歳という年齢と、音楽界の女王の座である。

SILENT LOVE

リリース　1984年12月21日
オリコン最高　2位
売上枚数　27・4万枚

それにしても「1984年の中森明菜」は忙しい。年末ギリギリまで、働く働く。年の瀬も押し迫ったクリスマス4日前の発売の4曲入りミニアルバム。4曲とも「作詞：伊達歩、作曲：井上大輔、編曲：瀬尾一三」というトリオで作られたコンセプトアルバムだ。アルバム1枚、まるごと同一の作家で固めて、ひとつのストーリーを持った構成にすることは、当時としてもそれほど斬新なものではなかった。このミニアルバムに時代的に近いところでは、中森明菜もリスペクトしていたといわれる沢田研二が試みていた。代表的なものは『MIS CAST』（82年）で、全曲が「作詞・作曲：井上陽水、編曲：白井良明」による楽曲で占められている。意欲作かつ問題作とされたが、80年代中盤のおしゃれで退廃的な井上陽水ブームは、このアルバムがきっかけとなった側面もあり、音楽シーンに与えた影響は大きい。

佐野元春、伊藤銀次、後藤次利、大沢誉志幸、そして井上陽水と、80年代前半の沢田研二は、次世代にブームとなる音楽家の量産装置になっていた。言いたいことは、同じく80年代前半の中森明菜は、まだ10代にして、沢田研二同様の量産装置になりつつあったということなのだが。

しかし今回のトリオは、当時すでに名を成していた3人だ。まず伊達歩は、ご存じ伊集院静のペンネーム。作詞家としての代表作としては近藤真彦『ギンギラギンにさりげなく』（81年）があり、この時点までの中森明菜にも、何曲か提供している。

注目は、歌詞カードに書かれた、伊集院静によるショートストーリー。「DAN」と「REI」の2人が「GINZA」「YOKOHAMA」「JIYUGAOKA」を巡っていくもので、80年代前半の香りがぷんぷんするものだ。

井上陽水に続いて、中森明菜を託された「井上」は「大輔」だ。言うまでもなく元ブルー・コメッツの井上忠夫。

ソロシンガーとして『哀 戦士』（81年）という曲をヒットさせていたが、この頃は、シンガーよりも作曲家として乗りに乗っていた時期だった。

歌手名『曲名』（発売年月／作詞家／売上枚数（万枚））
・シャネルズ『街角トワイライト』（81年2月／湯川れい子／71・7）
・シブがき隊『ZIG ZAG セブンティーン』（82年10月／三浦徳子／33・5）※井上忠夫名義
・ラッツ&スター『め組のひと』（83年4月／麻生麗二（売野雅勇）／62・2）
・葛城ユキ『ボヘミアン』（83年5月／飛鳥涼／41・4）
・郷ひろみ『2億4千万の瞳』（84年2月／売野雅勇／21・3）
・杏里『気ままにREFLECTION』（84年4月／三浦徳子／17・1）

これら、井上大輔の手によるヒット曲に共通するのは「マイナー（短調）で日本的に湿ったロックンロール」という点だ。マイナーということは中森明菜との親和性が高いということ。事実、A面1曲目の『BLUE BAY STORY』はど真ん中、「ザ・井上大輔サウンド」になっている。

ただB面1曲目の『TERMINALまでのEVE』は、もろフィル・スペクター・サウンドで、これはこれでいい。このような曲をシングルに切って歌う中森明菜を見たかったと、また思わせるものだ。

発売から10日後、84年の大みそか。帝国劇場で開催された日本レコード大賞で、中森明菜は『北ウイング』で金賞を獲得。その足で向かったNHKホールでの『紅白歌合戦』では『十戒（1984）』を歌う。あまりに忙しかった「1984年の中森明菜」は、85年になって一息つけるのか、いやいや、いよいよ加速度を高めていくのだ。

#11
ミ・アモーレ

作詞　康珍化
作曲　松岡直也
編曲　松岡直也
リリース　1985年3月8日
オリコン最高　1位
売上枚数　63・1万枚

新任・藤倉克己ディレクターのビギナーズラックが炸裂したレコ大受賞曲

当時、この曲をちゃんと聴いていなかったことが悔やまれる。デビュー曲から順に、中森明菜の曲を追っていなかったことは、さらに悔やまれる。

妙な言い方になるが、救われた感じがするのだ。『北ウイング』もそうだったが、「この流れで、これが来るかぁ」「グッとステップアップしたなぁ」という感じがする。「救われた」という持って回った言い方をシンプルに言い換えれば、

――「名曲」。

これまでの中で、いちばん安心して聴ける曲だ。そのポイントはAメロではないか。音

程がとても低い。『飾りじゃないのよ涙は』も低かったが、今回はさらに低い。最低音がE＝ミの音（『飾りじゃないのよ涙は』の最低音は全音上のF♯）で、これはもう男性の音域である。

80年代後半に君臨する「中森明菜帝国」は、低い男性用の音域から中音域の間に建国された。この曲のAメロを聴いてみてほしい。対して「キーが高過ぎるのではないか」と書いた『トワイライト－夕暮れ便り－』の歌い出しも聴いてほしい。帝国の気配がどちらに漂っているか、お分かりになると思う。

また、この低音域における歌い方が、（この後に散見される）抑制的なmp（メゾピアノ）唱法になっていないことも魅力を高める。そして、低音域から中音域へと盛り上がり、最後の「明菜ロングトーン」＝「アモー【レーーー】」もこってりし過ぎず、あっさりし過ぎずいい感じ（音程は上のA）。

つまり、楽曲という素材がしっかりしていて、調味料を過剰にふりかけなくても、ちゃんと成立している。だから、彼女の歌いっぷりも、いろんな意味で「ちょうどいい」程度のものになっている――これが私に「救われた感じ」「安心して聴ける」「名曲」だと思わせるゆえんである。

いろいろと調べてみると、担当ディレクターとなった藤倉克己という人の手柄が大きい。かなり大きそうだ。この曲に関して、前任の島田雄三と共同で参画し、その後、ディレクターの座を島田から引き継ぐ人物。

雑誌『80年代アイドル総選挙！　ザ・ベスト１００』（ヘリテージ）に掲載された彼へのインタビューがめっぽう面白い。まず、中森明菜を担当するにあたり、彼が立てた３つの基本方針というものがあるのだが、その１つ目がふるっている（残り２つは後述）。

——「歌う兼高かおる」。

若い読者には説明が要るだろう。兼高（かねたか）かおるとはＴＢＳ系の長寿番組『兼高かおる世界の旅』で知られる、世界各国を知るジャーナリスト。転じて『サザン・ウインド』からのエキゾティック路線を追求するということなのだろう。

シビれるのは「歌う兼高かおる」という言い回しである。ピンと来るし、楽しいし、そしてちょっと笑える。いわゆる「コンセプト」を、概念的・説明的ではなく、こういう冴えた言い回しで表現できる人がビジネスマンとして優秀だということを、広告業界出身の私は重々知っている。

逆にいえば、ここは憶測だが、もう「発破かけたげる」（『十戒（１９８４）』）じゃないだろうということを、中森明菜本人としっかり確認したはずだ。

そして、松岡直也を起用したことも、藤倉克己のセンスの表れだ。そのセンスが『ミ・アモーレ』のラテン感覚溢れるメロディとサウンドに結実した。ちなみに私は当時、松岡直也という存在を知らなかったのだが、だいぶ後になって、青い三角定規『太陽がくれた季節』（72年）の編曲者だと知って、かなり驚いたのだけれど。

作詞は『北ウイング』の康珍化。タイトルについては諸説いろいろ語られているが、先の『80年代アイドル総選挙！　ザ・ベスト１００』における藤倉克己発言が真実だろう。

――「ちなみに『ミ・アモーレ』は、スペイン語でもポルトガル語でもイタリア語でもない私の造語。いろいろ調べたのですが、いい響きの言葉がなかなか見つからず、康さんの許可を得てタイトルにしたのです」

中森明菜のライバルといえる初期・松田聖子を大成功に導いたディレクター・若松宗雄の著書『松田聖子の誕生』（新潮社）を読んで、松田聖子のほとんどのシングルやアルバムのタイトルは若松氏本人の発案だと知って驚いたが、同じような経緯が『ミ・アモーレ』にもあったということ。

よく知られているように、同じメロディで違う歌詞（そもそもこちらが先にあったという）の『赤い鳥逃げた』が12インチで発売された。ジャケットは素晴らしいものの「ミ・アモーレ」という言葉を一度知ってしまったなら、「赤い鳥逃げた」ではさすがに食い足りない（それでも、若松宗雄氏による松田聖子デビュー曲のタイトル『裸足の季節』と、その原題「ハイヌーンは熱く」ほどの差はないが）。

それにしても「スペイン語でもポルトガル語でもイタリア語でもない私の造語」って、最高！

ちなみにB面の『ロンリー・ジャーニー』も秀作。作詞・作曲はEPOで、清水信之が編曲という東京都立松原高校の先輩後輩コンビ。ここらあたりの人選もまた冴えている。

スーパー・ビジネスマン＝藤倉克己のスーパー・ビギナーズラックが炸裂し、そして「兼高かおる世界の旅」ならぬ「中森明菜世界の旅」が本格的に始まった1曲だ。旅の終着点は、この年の大みそか、日本武道館で行われた日本レコード大賞の授賞式である。

BITTER AND SWEET

リリース　1985年4月3日
オリコン最高　1位
売上枚数　55・6万枚

まずはジャケットにひとこと言いたくなる。ちょっと工夫やアイデアが足りないのではないかと。『ANNIVERSARY』の猛烈な可愛さ、『POSSIBILITY』のセクシーさに対して、さすがに味気なさ過ぎるのではないか、と。

ただそれは、私が手にしているのがCDサイズだからかもしれない。LPサイズをリアルタイムで見た友人は、ジャケットについて肯定的だった。ちなみに撮影は篠山紀信。篠山はシングル『ミ・アモーレ』のジャケットも担当。そう思って眺めると、『BITTER AND SWEET』と『ミ・アモーレ』のジャケット、両方とも『週刊朝日』の表紙に見えてくるから不思議だ。

そもそも私は、この当時の中森明菜にまつわるあれこれに、悪態などつきたくない気持ちがある。なぜなら、当時の中森明菜やそのスタッフたちの猛烈なワーカホリックぶりを知っているから。

・84年5月1日　アルバム『ANNIVERSARY』
・84年7月25日　シングル『十戒（1984）』
・84年10月10日　アルバム『POSSIBILITY』
・84年11月14日　シングル『飾りじゃないのよ涙は』
・84年12月15日　特別盤シングル『北ウイング／リ・フ・レ・イ・ン』
・84年12月21日　ミニアルバム『SILENT LOVE』
・85年3月8日　シングル『ミ・アモーレ』
・85年4月3日　アルバム『BITTER AND SWEET』

これだけでもすごいのに、その間にテレビだ、コンサートツアーだ、さらには映画『愛・旅立ち』（85年1月26日）だと、異常な働きっぷりである。だから、特にアルバムの細かい部分について、ツメが甘いところは仕方ないだろう。例えば、アルバムの中では、中森明菜らしからぬ音程が甘いところをチラホラ感じたりもする。しかしそれもこの働きっぷりの中、一種の勢いで録音された結果だと解釈して、押し黙る。

そんな働きっぷりの中で作られた『BITTER AND SWEET』だが、このアルバムを秀作たらしめるのは、中森明菜の「歌って楽しいな」という感覚だ。新しい音楽性を持った様々な楽曲を、様々な作家から次々と与えられ、それを次々と歌いこなしていくことの喜びに溢れている。

なんて言うと、「そんなのただ聴くだけで分かるのか?」という疑問もあろうが――分かる。

さて、このアルバム、ジャケットで表現されているように、A面が「BITTER」で、B面が「SWEET」な曲で構成されている。詳しくいえば、A面はファンキーでダンサブルで、つまりは「黒い」。B面はシティポップでフュージョンっぽくて、つまり「白い」。

作家はまた百花繚乱。「先物買い」も含めて、その時々でいちばんいきのいい作家陣を集めた感じだ。注目すべきは「Album Production Adviser」というポジションが作られていることである。しかし、バラバラな作家陣の楽曲をバラバラに放り出すのではなく、例えば、表が「BITTER」で裏が「SWEET」などの統一感形成に貢献したと思われる。

驚くのは、その人選。なんと角松敏生が起用されているのだ。85年段階の角松敏生は、すでに杏里のプロデュースに成功していたものの、正直まだ「ザ・先物買い」という感じだったのだが、のちの彼の活躍を考えれば「ザ・先見の明」ともいえる人選となった。

また角松敏生は、「最新の洋楽をリアルタイムで再現」という、『ANNIVERSARY』『POSSIBILITY』にも感じられたコンセプトの具現化にも貢献したはず。その分聴いていて「85年の洋楽」（個人的にはテレビ神奈川『ミュージックトマト』な感じ）の空気を強く感じて、この上なく懐かしい。

ベストトラックは、その角松敏生による#6（B面#1）の『UNSTEADY LOVE』だろう。サビの突き抜けるようなメロディが素晴らしい。こういう曲をシングルにしたら、中森明菜の音楽人生も、もう少し軽快な方角に向いたのではないか、そう思わせる出来である。

次に続くのは#2の『ロマンティックな夜だわ』。作詞・作曲がＥＰＯ、編曲：清水信之という東京都立松原高校コンビ再び。作家としてのＥＰＯは中森明菜のボーカルとの親和性が高かったようだ。「NO NO NO……」の連打がたまらない。

そんな中の意欲作として#5の『BABYLON』ではなんとラップを聴かせている。当時っぽいオールドスクールのラップなのだが、さすがは「歌姫」、ラップといえど完全に「歌」になっているのが面白い。

角松敏生に話を戻せば、#9（B面#4）『SO LONG』が、角松作詞・作曲の中山美穂『You're My Only Shinin' Star』（88年）の原型のようにも聴こえる。

全体を通して思い出すのは、同年に発売された、サザンオールスターズのアルバム『KAMAKURA』だ。最新の「85年の洋楽」を強く意識して、追いつき追い越せ、どれだけ洗練されるか、どれだけコンテンポラリーになれるかという追求を第一義にした感じ。その意味で、『KAMAKURA』#1の『Computer Children』と、このアルバムのヒップホップ風『飾りじゃないのよ涙は』は見事に対をなしている。

最後に。#3の『予感』のアレンジに、クラウデッド・ハウスのヒット曲『ドント・ドリーム・イッツ・オーバー』を感じて、見事な引用だなと思ったのだが、調べたら同曲のヒットは翌86年だった。『BITTER AND SWEET』とは、要するにそういうアルバムである。

#12 SAND BEIGE ―砂漠へ―

作詞　許瑛子
作曲　都志見隆
編曲　井上鑑
リリース　1985年6月19日
オリコン最高　1位
売上枚数　46・1万枚

「歌う兼高かおる」コンセプトを象徴する「サハラ歌謡」

作詞と作曲、作家陣に、当時とすれば見知らぬ名前が並んだ。正直、これまでに比べて、知名度がガクっと下がった。

というか、作詞の許瑛子は、これがデビュー作である。なんという華々しいデビューだろうか。作曲の都志見隆は、その後、織田裕二『歌えなかったラヴ・ソング』（91年）、中西保志『最後の雨』（92年）、郷ひろみ『言えないよ』（94年）などの、非常に技巧的なメロディを量産することになる才能。

ただし、編曲の井上鑑は別格。すでに83年の段階で、『トワイライト－夕暮れ便り－』を

2位にはねのけ続けた名曲、薬師丸ひろ子『探偵物語』の超絶アレンジで、世の中をあっといわせていたのだから。当時無名の作家陣を選んだということは、逆にいえば、新ディレクター・藤倉克己のコンセプトに忠実な、コンセプチュアルな作品が出来上がるということだ。つまりは、「歌う兼高かおる」そのまんま。

だとしたら、『ミ・アモーレ』よりも、さらに研ぎ澄まされた作品になりそうなものだが、そうはならないのが音楽の不思議さ。一方で、コンセプチュアルな分、スケールが小さく感じるというのが、私の正直な感想。

『北ウイング』に対する『サザン・ウインド』にも、『ミ・アモーレ』に対するこの曲と同様の印象を受ける。そして私は、スケール感が縮小した結果、失なわれたものは「歌謡曲的な下世話さ」だと考えるのだ。

端的にいえば、仮に、80年代中盤の錦糸町のスナックで、チーママが歌ったとして、聴いているほろ酔いのオヤジが喜ぶ度合いの縮小。『北ウイング』や『ミ・アモーレ』は、パッと盛り上がる感じがする。しかし『サザン・ウインド』やこの曲なら、それほど盛り上がらないと予想するのだが、どうか。

しかしそれは、藤倉克己や中森明菜の目論見通りだったのだろうとも思うのだ。さらにいえば「80年代中盤の錦糸町のスナック」的なあれこれから逃れようという意識すらあっただろう。でも、もうちょっと下世話だったら、もっと売れたとも思うのだ。結果論として、「昭和歌謡」の最後の砦を任せられている状態だったのだから。

エキゾティックな衣装に身を包み、劇的に柔軟な身体をしならせながら、暑苦しくもなく、かといって貧弱でもない形で、この曲をさらっと歌いこなす中森明菜の姿を憶えている。明らかにシンガーとして安定期に突入していることを感じさせたものだ。

その背景には、ライバル・松田聖子の動きもあっただろう。この曲が発売された6月に神田正輝との結婚式を挙行。同月にリリースした『DANCING SHOES』は『赤い鳥逃げた』同様の12インチシングルで、18・6万枚の売上に留まる。12インチということもあっただろうが、松田聖子にとって売上枚数が20万枚を切るのはデビュー後初めてのことだ。

名実ともに中森明菜帝国の建国宣言というタイミングだったのだ。「私は『歌う兼高かおる』でいくのよ」「『昭和歌謡』も『錦糸町のスナック』も知ったこっちゃないわよ」という気分になってもしょうがないところだろう。

では、その「無名」の作家陣が残した楽曲は、どのようなものだったのか。

まずタイトル「SAND BEIGE」は英語とフランス語のミックスで、藤倉克己による造語「ミ・アモーレ」同様、一見、言語的な適当さに溢れていそうだが、調べたら「BEIGE」(ベージュ)は英語圏でも普通に使うようなので、こちらはセーフ。ただ「砂漠へ」というサブタイトルは余計だろう。

むしろ「言語的な適当さ」を感じるのは、歌詞「アナ　アーウィズ　アローホ　SAND BEIGE」のほうだろう。アラビア語と欧米語（英語・フランス語）の連なり。「書く兼高かおる」とでもいうべきか。

さらには「マアッサラーマ」というアラビア語フレーズまで出てくる。なお、シングルの歌詞カードには「アナ　アーウィズ　アローホ NILE（私はナイルへ行きたい）」「マアッサラーマ（さようなら）」と補足されている。

ちょっとやり過ぎかなと思うのが、1番の「サハラの夕日を　あなたに見せたい」、そして何より2番の「主を失くした　ラクダがポツリと」あたり。

次にサウンド面。まず、イントロのエキゾティック感は、久保田早紀『異邦人』（79年）と張るほどだ。つまりは「歌う兼高かおる」まんま。ただ、続くAメロ・Bメロの印象が薄く、ここで錦糸町のスナックの客はちょっと冷めるはず。

しかし、サビでは一転、音楽的魅力が一気に高まる。この曲の音楽的価値の核心はここだ。「星屑　私を抱きしめていてね　アナ　アーウィズ　アローホ　SAND BEIGE」のところの音域が、非常に狭く、結果、人懐っこいのだ。

星屑　私を
ミファ♯ファ♯ファ♯・ファ♯ミミミ
抱きしめていてね
ミソソソ・ソファ♯ファ♯ファ♯
アナ　アーウィズ　アローホ
ファ♯ララソ・ファ♯ソファ♯ミ
SAND BEIGE
レー　シ　レ♯・ー

「星屑　私を抱きしめていてね　アナ　アーウィズ　アローホ」までが「ミ」から「ラ」というたった4度の間で、クネクネと動く感じ。Aメロ・Bメロの淡白さに比べて、ここは格段に憶えやすく、人懐っこく、そしてある種の「妖気」を持って、聴き手にスリスリとすり寄ってくるかのようだ。しつこくて申し訳ないが、このサビについては、錦糸町でも、カウンターがちょっと騒がしくなる気がする。

――こうして「歌う兼高かおる」は、サハラへの旅を終え、北ウイングから東京に帰ってくる。そして、次のシングルでは、都内の高層ホテル、25階の非常口に立っていた。

D404ME

記号的な謎のタイトルに、思わせぶりなジャケット。謎タイトルは「NYハドソン川沿いの倉庫に振られた番号」だとされていたり、一説には「出し惜しみ」と読むという説もあったり。私などは、『サザン・ウインド』に影響を与えたYES『ロンリー・ハート』が収録されたアルバムのジャケットに記される「90125」を想起した。本書では、それ以上の深読みを避けるものの、少なくともアルバムをひとつの作品として、コンセプチュアルに作りたいという目論見は、このタイトルやジャケットによく表れている。

コンセプチュアルなアルバム作りとは、一般的には、あるひとつの考え方やトーンに「求心力」を持たせ、全曲を収れんさせていくことを指すが、中森明菜の場合は、作家陣が多様過ぎる結果として、求心力だけじゃなく「遠心力」まで働いてしまう。

リリース　1985年8月10日
オリコン最高　1位
売上枚数　65・0万枚

中森明菜のアルバムの聴き手は、彼女が、求心力と遠心力のエネルギーを、歌手としてどう取りまとめていくか、お手並み拝見となる。それを楽しむことが、つまりは中森明菜を聴くということなのである。求心力と遠心力の散らばりを確かめれば、旧A面（#1～#5）が「アーバン歌謡」（次の『SOLITUDE』の項で説明）への求心力サイドで、旧B面（#6～#9）が、「アーバン歌謡」、ひいては、すでに完成されつつあった「中森明菜的なるもの」からの遠心力サイド、つまり型破りサイドとなる。

まずはA面。聴きどころはアタマの3曲『ENDLESS』『ノクターン』『アレグロ・ビヴァーチェ』。歌詞を抜き出してみると「ただ　自分に負けたくない」「感のいい女ほど　幸福にはなれない」「切り出していいのよ　あの娘のことを」と、都市に住む「強い女」（「強がりの女」）の像で共通している。追記すれば、#1『ENDLESS』については、ボーカルを超えて、自由自在四方八方に躍動する高水健司のベースがとにかく素晴らしい。

逆にボーカルでいえば『アレグロ・ビヴァーチェ』を推す。タイトルは音楽用語で、「快活に速く」という意味で「allegro」（アレグロ）と「vivace」（ビバーチェ）の中間程度の速さを指す（余談だが綴りが「vivace」なので「ビバーチェ」か「ヴィヴァーチェ」かと思うのだが、表記は「ビヴァーチェ」）。サビでの「アレグ〝ロ〟・ビヴァー〝チェ〟」の「ロ」と「チェ」で、裏声（と地声の中間くらい？）の発声になるところが、実に妖艶で惹き付けられる。本書では、中森明菜の低音域を推してきているが、高音域でも、魅力的なパートが出てき始めたということになる。

反面、B面（#6〜#10）は遠心力サイド、ストレートにいえば「ロック・サイド」だ。特に#6〜#8の3曲は、かなり振り切っている。そして、個人的にはA面よりB面を買う。

まずは#6『BLUE OCEAN』。東洋風のイントロ、テクノアイドルが歌いそうなサウンド、それでいて歌詞はなんだかやさぐれている。作詞・作曲は前年リリース、アン・ルイス『六本木心中』のコンビで、編曲が前年公開の映画『風の谷のナウシカ』の音楽担当、久石譲。ひとことでまとめれば——わけが分からない。でも中森明菜が楽しそうに歌っているから、納得してしまうのだ。

#7『マグネティック・ラヴ』も快調。作詞：EPOと編曲：清水信之という東京都立松原高校コンビに、大貫妙子が割り込むという、こちらも謎な組み合わせ。しかし、歌詞が磁石のことを歌っている。そうか、このB面は、N極とS極の異種配合を楽しむ面なのか。

そういう意味で、最強の異種配合は「忌野清志郎と後藤次利と中森明菜」。#8『STAR PILOT』。セクシャルな歌詞（ちあき哲也）に、清志郎によるロックンロールなメロディ、そして後藤によるドライブ感のある編曲（後藤編曲、沢田研二『TOKIO』（80年）の続編のように聴こえる）。こういうのは大成功か大失敗かどちらかになるものだが、ここでは吉と出た。ちなみに清志郎本人の歌詞を付けたRCサクセション版もある(『SKY PILOT』(85年))。

遠心力——つまり忌野清志郎に代表される奇才が「明菜、もっとできるだろう、明菜、もっとこっち来い」と外から投げかける。そして中森明菜が負けじと、その司令に応える。そんなさまが浮かんでくる。結果、一見バラバラなB面が、どうしたことか、明菜の声で統一され、「遠心力という統一感」を持って聴こえてくるのだ。

あと、これは憶測だが、B面のほうが楽しそうに歌っているように聴こえるのは私だけだろうか。まぁ、楽しいことはいいことだ。

しかし、しかしである。B面最後、「INCLUDING SPECIAL VERSION」として、補足的に収められている『ミ・アモーレ』の1番のところ、ラテンパーカッションが全面に出たアレンジの中で、冴え渡った存在感を発揮するボーカルが、SPECIALにいいのである。言葉は悪いが、最後に全部持っていった感じ。「これだよ、この低音域だよ」と思わせる。ずるいなぁ。しかし、やはり特別な1曲だということだろう。

N極とS極が引き合って、それぞれのエネルギーが中和され、残ったものは、ラテンフレーバー溢れる「歌う兼高かおるより、もっと歌う兼高かおる」だった——そんなアルバムである。

#13 SOLITUDE

作詞　湯川れい子
作曲　タケカワユキヒデ
編曲　中村哲
リリース　1985年10月9日
オリコン最高　1位
売上枚数　33・6万枚

都市型女性の疲労感を描く、まったく新しい「アーバン歌謡」の誕生

85年もいよいよ秋。この年に無敵の強さを誇ったのは、中森明菜とチェッカーズと阪神タイガース。『SOLITUDE』がリリースされた一週間後、10月16日に念願のリーグ優勝を果たしている。

さて、この曲。中森明菜のシングル曲として、まさに新しい境地といえる音楽性を持っている。その新規性を分解すると、まず「都会的」ということがある。これまでのシングル群にも、都会的なエッセンスは通底していたものの、今回は舞台も都会、そして主人公も都会に暮らす女性として徹底されている。

その都会性をさらに分解すると、シティポップの「シティ」ではなく「アーバン」という語感のほうに向けられている。つまり昼ではなく夜、出会いより別れ、そして酒とタバコとセックスの香りが漂ってくるような。

となると、一周回って「歌謡曲的」ともいえる。言葉としてこなれていないが、まとめると「アーバン歌謡」とでもいうべき新しいジャンルを開拓したのがこの曲で、そして、この後のいくつかのシングルも、そのジャンルにスポッとはまる。

歌われるのは、都市に住む女性の疲労感だ。その後バブル経済に向かっていく日本。男女雇用機会均等法の施行は翌86年。女性が強くなったといわれても、都市の水面下では、疲労感と絶望感で息苦しくあえぐ女性がいっぱいいた、はず。そんな女性の気分をいかんなく表現する時代のシンボル――中森明菜。

後にも先にも、そんな立ち位置にたどり着いた、たどり着こうとした女性シンガーは数少ない。特に中森明菜以前では、多少テイストは異なるものの、70年代の平山三紀ぐらいではないだろうか。

85年の都市――具体的には東京都港区・渋谷区のイメージ――に住む女性は、淡々と粛々と生きていたのだろう。だからかこの曲は、メロディも歌い方も抑揚がない。特にボーカルはずっとmp（メゾピアノ）で歌われているように聴こえる。

また彼女たちは、タバコの煙か夜霧かに覆われていた。だからこの曲は、アレンジもミキシングも霞がかっているようなイメージだ。CMにも使われた、同年のブライアン・フェリーの『ドント・ストップ・ザ・ダンス』あたりを想起させる。

さらに彼女たちは、ダイナミックに喜怒哀楽を表明したりはしない。だからこの曲は、歌詞に動きがない。極めてスタティック（静的）である。歌謡曲～Jポップにおいて、これほどストーリー性の乏しい歌詞も珍しい。

結果、例の錦糸町のスナックで流れる、もしくは歌われるさまを想像しても、客席からのウケはかなり悪そうだ。そもそもこの曲、リスナーとして男性を想定していない感じがする。ターゲットは同世代女性からの共感。そこだけに照準を合わせている感じがする。

あらゆる意味で新しい「アーバン歌謡」。どこをどう突っついても新しい。逆に、古いところがあれば教えてほしい。

アレンジは中村哲。ホーン・スペクトラムからプリズムという経歴の人。先の「ブライアン・フェリーみ」を言い換えると、私にとってはテレビ神奈川『ミュージックトマト』みだ。特にイントロあたりは、私が浪人していた85年に、隠れて聴いた洋楽の香りがぷんぷんする。おそらく当時の中森明菜の志向性とぴったり合っただろう。

作曲はタケカワユキヒデだが、「タケカワユキヒデみ」「ゴダイゴみ」をまったく感じさせない。『ビューティフル・ネーム』や『銀河鉄道999』など、全身これ抑揚という感じのタケカワ・メロディの対極をいっている。藤倉克己チームの強いプロデュース力を感じさせる。

作詞は湯川れい子。前年のアン・ルイス『六本木心中』のヒットで乗りに乗っている頃。日本音楽シーンにおける都市型女性の先駆けでもある湯川の起用はヒット人事。根本的なところで男性を突き放している（意識高い系ならぬ）「意識強い系」女子視点歌詞は、男性作詞家には難しかったのではないか。

繰り返すが、あらゆる意味で新しかった「アーバン歌謡」。白状すれば、リアルタイムでの大阪の少年、それも浪人生にはとっつきにくかった。さらに白状すれば、おニャン子クラブのほうが正直だった。

38年後の今、ちょっとだけ緊張しながら、ここから、彼女が残した「アーバン歌謡」の真価を確かめていきたいと思う。それは多分に結果論かもしれないが、その分、本質論になると信じて。

余談1。歌詞を解釈すると「25階以上ある高層ホテル」が舞台として浮かび上がってくる。「怪獣」「シティ・ライツ」「レイル・ロード」などのキーワードから勝手に判断すると、前年開業の「新宿ヒルトン」（現・ヒルトン東京、38階建て）だと思ったのだがどうだろう。ただセキュリティの点から、現在は（当時も？）非常口で爪を切るのは難しそうだが。

余談2（でも重要）。「SOLITUDE」と「LONELINESS」の意味の違い。前者は「積極的な孤独」で、後者は「消極的な孤独」とのこと。ファンが中森明菜に期待したのは前者だろう。さすが湯川れい子。

MY BEST THANKS

アルバム『SILENT LOVE』（84年）のちょうど1年後となる85年12月21日にリリースされた作品。

全体的にクリスマス商戦用の企画ものという感じで、今回の企画の核は「グラフィカルディスク」。12インチシングル形式で、A面に3曲入っていて、そしてB面は、中森明菜の姿がデザインされているというものだ。

帯には「12inchグラフィカルディスク　<side1> 3曲収録」「明菜だからグラフィカル!!」などと、押しに押している。その企画の受容性があったかどうかは分からないものの、結果としてチャート1位になっているのだから、企画としては間違っていなかったということになる。

リリース　1985年12月21日
オリコン最高　1位
売上枚数　29・0万枚

A面に入った3曲は『ありふれた風景』『予感』『Don't Tell Me This is Love』。その中で『予感』は『BITTER AND SWEET』で既出の曲なので（ミックスがやや異なる）、純然たる新曲としては2曲。

先に#3『Don't Tell Me This is Love』に触れると、『BITTER AND SWEET』収録、「歌うラップ」をはつらつと聴かせた『BABYLON』の延長線という感じの1曲。こちらの中森明菜もはつらつとしていて聴き心地がよい。

そして#1『ありふれた風景』。作詞・作曲は、なんと小坂明子。もちろん大ヒット『あなた』（73年）の人だ。中森明菜スタッフの作家人選リストは、留まるところを知らない。

注目したいのは、この曲のボーカルである。「アーバン歌謡」と表現した『SOLITUDE』と同じく、mp（メゾピアノ）で抑制的に歌っている。

ここまで私は、中森明菜のボーカルの最大の武器を「明菜ロングトーン」に置いてきた。しかし『SOLITUDE』や、この『ありふれた風景』の段階で、そんな抑制的mp唱法（「アーバン唱法」といってもいい）の魅力が増してきている。初期に比べて、柔らかさとなめらかさが加わってきたとでもいうか。

20歳となった中森明菜が、様々な歌い方を武器として、80年代後半音楽シーンの荒野に向けて、孤立無援で向かっていく。

このアルバム発売の10日後となる85年12月31日、日本武道館で行われた日本レコード大賞の受賞式で、中森明菜は大賞を受賞。プレゼンターは、この年三冠王の落合博満。そして明菜と落合は、翌86年もそれぞれレコード大賞、三冠王に仲良く輝くこととなる――。

#14 DESIRE ——情熱——

作詞　阿木燿子
作曲　鈴木キサブロー
編曲　椎名和夫
リリース　1986年2月3日
オリコン最高　1位
売上枚数　51・6万枚

デビューからの全シングル、そして「昭和50年代」を総括する名曲

「このレコードは可能な限り大音量でお聴き下さい。」——シングル盤のジャケット裏にこう書かれている。自信作ということなのだろう。

分かる。圧倒的だと思う。と今さらながらに盛り上がっているが、これは、発売から37年経った今、酔狂にもデビューシングルから順番に聴いているからの加点だろう。そのくらい、この曲には、デビューからの全シングルを総括した感がある。

ツッパリ感もある。でも大人の女感も十分だ。mp（メゾピアノ）の「アーバン唱法」に始まって、最後は「Get up, Get up, Get up, Get up, Burning【love ーーー】」という「明

菜ロングトーン」でビシッと決まる。ジャケットもテレビでの衣装もジャパネスク、当時でいう「ニューキモノ」で、海外から見た日本人のイメージ。言い換えれば「海外で日本を思う兼高かおる」だ。

ダメ押しとして、錦糸町のスナックも大盛り上がり！

さらには、これまでの全シングルの総括でありながら、75年から始まる「昭和50年代の総括」という感じも漂っている。具体的にいえば、山口百恵が生み出した女性像の総括、であり決着点。

そう、この曲によって中森明菜は、「80年代の山口百恵」としてのポジションをほしいままにしたと見るのだ。まず時代の寵児であり、そして、時代の表面＝「陽」の面だけではなく「陰」の面まで引き受ける、80年代の真のシンボルとしての女性シンガーへ。

そう考えると、シングルでは初めて、作詞に阿木燿子が招かれているのは、偶然ではあるまい。言うまでもなく阿木燿子は、夫の宇崎竜童とともに、中後期・山口百恵の多くのヒット曲を手掛けた、いわば「メインライター」である。

西﨑伸彦『消えた歌姫　中森明菜』（文藝春秋）において、中森明菜のボイストレーニングを担当していた大本恭敬はこう語る。

──「当初はレコード会社の意向で、山口百恵の楽曲を中心にカリキュラムが組まれていました。ただ、それではどうしても声の出し方や唄い方が百恵に似てきてしまう。その癖を徹底して排除するために、百恵の歌はできるだけレッスンしないようにしました。明菜には『自分の強さを出せ。歌をもっと押し出せ』と繰り返し言いました。」

先に述べたように中森明菜は、「スター誕生！」で山口百恵『夢先案内人』を歌って、デビューへの道をつかんでいる。そこでのけれんみのない、まるで地肩で投げるストレートのような歌いっぷりは、掛け値なしに素晴らしかった。

しかし、この言葉にあるように、山口百恵的なる歌い方は「徹底して排除」された。その結果、様々なテクニックを身に付けざるを得なくなった。それでも中森明菜は、様々なテクニックを、そして驚くほど多様な作家による様々な音楽的エッセンスを、地肩に上乗せした血肉としながら、遠回り遠回りして、やっと阿木燿子と出会ったのだ。

ちなみに、当初A面候補だったといわれるB面の『LA BOHÈME』（ラ・ボエーム）も秀作で、作詞は湯川れい子なのだが（湯川作詞、アン・ルイス『六本木心中』の味わいがある）、それでも湯川ではなく、阿木燿子自身の手によって「シン・山口百恵としての中森明菜」が描かれなければならなかったのだ。このタイミングでは。

「80年代の山口百恵」――過大評価かもしれない。もしかしたら逆に過小評価なのかもしれない。しかしとにかく、それほどまでにこの曲を推すのは、単にボーカリストというレベルを超えた表現力、演技力、さらにはダンスやファッション、つまりは「パフォーマーとしての世界感構築力」において、図抜けた水準に達していると思うからなのだが。

しかし、そんな評価も、あのパートがなければあり得なかった。『中森明菜の真実』における藤倉克己の発言。

――「鈴木（註：キサブロー）さんとは一〇〇点ではダメ、一二〇点の曲を作りたいと詰めに詰めました。そんな時にイントロの『Get Up Get Up』というフレーズが出てきたのです。苦し紛れだったと記憶していますが、鈴木さんと『この言葉だ!』って。その瞬間でしたね、『このフレーズで間違いなくヒットになる』と確信したのです。で、インパクトのある詞を書ける人ということで阿木燿子さんにお願いしました。」

あのパート。そう――「Get up, Get up, Get up, Get up, Burning【love ーーー】」＝「ミファ♯・ミファ♯・ミファ♯・ミファ♯・ラ・ミ・ファ♯ーーー」。

このベタな音形こそが、曲の広い間口を形作った。この間口から、完成された「明菜ワールド」に大衆は吸い込まれた。さらに注目すべきは藤倉克己の「この言葉だ！」という発言。つまり、あの「Get Up Get Up＝ゲラッ・ゲラッ」というベタな歌詞が、最初から前提だったということだろう。この判断で間口はさらに広がる。

「ゲラッ・ゲラッでお願いします」と、あの阿木燿子に頼むのもすごいが、引き受ける阿木はさらにすごいと思う。

個人的な話をすれば、当時私はハードロックが大好きなギター・キッズだった。とりわけリッチー・ブラックモア（ディープ・パープル〜レインボー）が大好物だったのだが、ディープ・パープルの『スモーク・オン・ザ・ウォーター』（72年）や『バーン』（74年）などのリフに続けて、この「Get up, Get up」のメロディを弾くという遊びを、よく仲間内で楽しんでいた。つまりこの歌い出しは、ハードロック的でもあったということ。

さらにコード進行についても、これまでのシングルに比べてかなりシンプルで、またバスドラム4つ打ち（4分音符でタン・タン・タン・タン）を基調としたディスコ調リズムも、いい意味で分かりやすくベタ。つまりは音楽的意味からもとても間口が広い。だから、「はーどっこい！」など、様々な掛け声や合いの手を挟みたくなる。錦糸町も大騒ぎさ！

かくして、令和の今の今に至るまで、中森明菜の「顔」といっていい名曲が出来上がった。そしてデビューからの全シングルの歩み、さらには「昭和50年代」が総括され、中森明菜は「第三期」へと向かっていく。

時代がゲラッ・ゲラッと歌っている。

中森明菜は『DESIRE－情熱－』発売直後に、フジテレビ系「夜のヒットスタジオDELUXE」でこの曲を披露する。この日の「夜ヒット」には、あのマンハッタン・トランスファーも出演していた。『中森明菜の真実』における藤倉克己の発言、続き。

――「放送後に明菜が、嬉しそうに僕のところに駆け寄ってきて開口一番に『マンハッタン・トランスファーから声をかけられ（歌も衣装も）カッコいいと褒められちゃいました』って。あの衣装で初めて歌って、それを海外のアーティストから評価されたのですから、それは嬉しかったのだと思います。」

「歌う兼高かおる」が「褒められる兼高かおる」となった。「第二期」の最後を飾るエピソードとしては十分過ぎるだろう。

最後に。しつこくて申し訳ない。タイトルの「－情熱－」は、リリース当初は付いていなかったという。後に付けられたのだが、要らなかったと思う。なぜなら、それはもう、この曲のボーカルの中に十分入っているのだから。

第三期〈爛熟〉

1986-1987

#15 ジプシー・クイーン

作詞　松本一起
作曲　国安わたる
編曲　小林信吾
リリース　1986年5月26日
オリコン最高　1位
売上枚数　35・8万枚

「アーバン歌謡」の進化によって第三期へののろしとなった1曲

私が勝手に定義する中森明菜「第三期」の始まり。これまでの全シングルを総括したような『DESIRE－情熱－』の次ということで、新しい期の始まりとしても不自然ではないだろう。ここでまずは、85年以降のシングル売上枚数（万枚）に注目してほしい（12インチの『赤い鳥逃げた』除く）。

・『ミ・アモーレ』 63・1万枚
・『SAND BEIGE－砂漠へ－』 46・1万枚

・『SOLITUDE』　33・6万枚
・『DESIRE－情熱－』　51・6万枚

レコード大賞を受賞した『ミ・アモーレ』と『DESIRE－情熱－』が図抜けていて、「どこをどう突っついても新しい」とした『SOLITUDE』は、同じくオリコン1位にしても、枚数はグッと落ち込む。やはり実験的・挑戦的1曲だったのだろう。しかし「第三期」以降は、『SOLITUDE』の項で定義した「アーバン歌謡」がベースとなっていくのだ。なんと実験・冒険の定常化である。この「アーバン歌謡」の定義を確認しておくと、

（1）『SOLITUDE』がその端緒となる。
（2）主人公は都会に住む大人の女性で、都市における生活と恋愛に対して疲労感を抱えている。
（3）その主人公の感情は極めて自立的かつ抑制的で、必要以上に男性にすり寄ったり色目を使ったりはしない。
（4）しかし、酒とタバコとセックスの香りにうっすらと包まれているという意味では歌謡曲的。

（5）つまりは（2）（3）による「アーバン性」と（4）による「歌謡曲性」の融合としての「アーバン歌謡」。

さて、この段階の音楽界で、時代を背負っていた女性シンガーは、中森明菜と小泉今日子という同期コンビだ。小泉は前年、秋元康作詞の『なんてったってアイドル』で、80年代前半（まで）のアイドル像を自ら相対化した。そして明菜は「アーバン歌謡」という具体によって、それを否定しにかかる。

ただ、この段階では、「アーバン歌謡」の像はまだボヤッとしていたかもしれない。というのは、全体的に『SOLITUDE』が持っていた、人を突き放すような硬質感に乏しいからだ。逆にいえば、いい意味でも悪い意味でも分かりやすく、人懐っこい感じがする。

まずは松本一起による歌詞だ。『中森明菜の真実』より、松本のコメント。

――「最初に頭に浮かんだのが『輪廻転生』でした。『今の時代では結ばれない、叶わない愛だけど、この先いつか違う時代でまた出逢って愛を成就できれば……』。こんな内容の詞を考えたのです。」

「歌う兼高かおる」として、世界という平面を右往左往するのではなく、今回は時間軸という直線を右往左往するというのだ。藤倉克己は同書で言う。

——「僕が考える明菜の作品のコンセプトは三つあって、一つは『兼高かおる世界の旅』でした。その上で歌謡曲の王道を行くことと、チャレンジすること。『ジプシー・クイーン』は、そのコンセプトに見事にはまっていて、まさに〝歌う兼高かおる〟でした。」

なるほど。「歌う兼高かおる」の定義が広がっている。「世界の旅」は「時間軸の旅」まで含むのか。ただ世界を右往左往してラクダに会うストーリーより、「この先いつか違う時代でまた出逢って愛を成就できれば」というほうが、まぁ、分かりやすいだろう。

さて、藤倉克己は同書で驚くべきコメントを残している——「『ジプシー・クイーン』は最初の候補曲は200曲ぐらいあったかと思います」。なんと200曲とは！　恐るべき手の広げ方だ。そりゃ、いろんな作家が次から次へと出てくるわけだ。当時の明菜プロジェクトのすごみにあらためて震える。

勝ち残ったのは、南野陽子『はいからさんが通る』でも名高い国安わたるのメロディだ。先に「突き放すような硬質感に乏しい」「人懐っこい」と書いたが、それは主に、メロディに起因すると思う。こちらも『SOLITUDE』より分かりやすく、聴き手にすっと入ってくるといえよう。

とりわけコード進行がそうだ。例えばサビの「生まれる前の星座（くに）で〜」からの【Bm】→【Em】→【A】→【D】→【G】という、ベースが「B→E→A→D→G」と4度ずつ上がっていく規則正しい進行には既視感ならぬ既聴感が高い（中森明菜でいえば『トワイライト－夕暮れ便り－』、80年代後半でいえば、86年のC－C－B『不自然な君が好き』や89年のチェッカーズ『Room』などで似た進行が使われる）。

ここで先の藤倉克己のコメント「僕が考える明菜の作品のコンセプトは三つあって、一つは『兼高かおる世界の旅』でした。その上で歌謡曲の王道を行くことと、チャレンジすること」に再度着目すると、「歌謡曲の王道」という言葉にぶち当たるのだ。

そう。大前提として「第三期」の中森明菜は、実験・冒険の定常化を進めるのだが、それでも「歌謡曲の王道」と紐付いているのだ。だから大衆と遊離し過ぎてはいけない。ラディカル過ぎてもいけない。

そう考えると、「どこをどう突っついても新し」かった『SOLITUDE』に対して、少しだけ実験・冒険を引っ込めて、人懐っこさを高めて、つまりは「アーバン歌謡」の「アーバン」性より「歌謡」性を、意図的に少し高めたのではないか。

だとすれば、恐ろしく周到な戦略ということになる。そして、結果としてこの曲は、『SOLITUDE』の売上を少しだけ上回った――。

では最後に、中森明菜のボーカルはどうか。細かい歌い回し以前の話として、『DESIRE－情熱－』に比べて、リバーブが深く、声が奥まっているように感じることが第一印象。そしてこれはある意味、ここまで述べたような小理屈以上に重要なことだと考えるのだ。

先に「女性シンガーによる歌謡曲〜アイドルポップスの否定」と書いたが、その歌謡曲、アイドルポップスはボーカルを大きくミキシングするジャンルだった。というか、伴奏なんて、極論すればどうでもいい刺身のツマ、可愛い声、セクシーな声を存分に響き渡らせる、いわば「ボーカル・ミュージック」だった。

ただ、この曲以降、中森明菜のいくつかの楽曲は、そんな「ボーカルの独立性」を否定しにかかる。サウンドの奥のほうにボーカルを埋め込ませようとする。

この点において、いくら歌詞やメロディ、コード進行を、少しばかり人懐っこくしたとしても、『ジプシー・クイーン』はやはり「アーバン歌謡」であって「歌謡曲」ではない。段差は決定的だと考えるのだ。

という小理屈の上に小理屈を重ねた話を、一気に具現化させ、人々をあっと驚かせるのが、次のフルアルバムにして、80年代中森明菜、最大の問題作である。

不思議

リリース　1986年8月11日
オリコン最高　1位
売上枚数　46・3万枚

このアルバムについて何かを書くことに、緊張感が付随する。本書の依頼があったとき、まず頭に浮かんだのは、『不思議』について、どう書くかということだった。

現象面だけにまず触れれば、このアルバム、ボーカルがとても聴き取りづらいのだ。リバーブが深くかかっていて、ミキシングも小さく、正直にいえば「奥のほうで何かうめいているな」という感じになっている。

「歌謡曲とはボーカル・ミュージックだ」と前項に書いた。いろいろと音楽的工夫をしながらも、最終的には歌声をしっかり聴かせるための音作り。という意味からすると、このアルバムは、歌謡曲に対する、まるっきりのアンチテーゼということになる。

そんな奇妙な、つまりは言葉本来の意味で「不思議」なアルバムを主導したのは誰か。それは――中森明菜本人だ。クレジットには「Produced by Akina Nakamori」と書かれている。堂々と。

事の経緯を『FLASH』（2022年11月29日・12月6日号）の記事からまとめてみる。

・そもそもの発端は、藤倉克己が中森明菜に、オルタナティヴ・ロックバンド＝EUROXのデモテープを「間違って」聴かせたこと。

・それを聴いた明菜が「デモのすべての曲を私の次のアルバムに入れたい」と主張した（結果、EUROXは10曲中7曲を編曲、うち5曲を作曲する）。

・EUROXのボーカルは男性（根本博）にかかわらず、EUROXの演奏をそのまま使った（つまりは女性シンガーにとってはキーが低くなる）。

・加えてコクトー・ツインズ（スコットランド出身のロックバンド）を手本として、明菜の判断でボーカルに深いリバーブをかけた。

・発売後、「歌が聴こえない。これは不良品ではないのか？」という苦情がワーナーに殺到した。

こんな「不思議」なアルバムがあっていいものか。

それでもオリコン1位を獲得するあたりが、当時の中森明菜のすごみなのだが、1年前のフルアルバム『D404ME』に比べて、売上枚数は半分強に落ち込んでいる。当然といえば当然だろう。

この原稿を書くために、意を決して、何度も聴いてみた。すると、先行したいくつかの「不思議」なアルバムのことが、頭に思い浮かんだ。

まずは沢田研二の『女たちよ』(83年)。本書でもすでに何度となく出てきている沢田だが、そもそも中森明菜がリスペクトしていたことに加え、旬の作家を(ある種無節操に)起用することや、ファッション性、何より、孤高の「ザ・ボーカリスト」という点で、共通するところが多い(余談だが二人とも蟹座のA型)。

そしてコンセプトアルバムにも熱心だったこと。先に挙げた、井上陽水とがっぷり四つに組んだ『MIS CAST』(82年)や、GS(グループサウンズ)をテーマとした『G.S.I LOVE YOU』(80年)、ロンドン録音でロカビリーを再現する『S/T/R/I/P/P/E/R』(81年)など、意欲的な作品が多い。

ただその中で、「源氏物語」をテーマとして、全曲「作詞：高橋睦郎(詩人)、作曲：筒美京平、編曲：大村雅朗」で通した『女たちよ』は、さすがにコンセプトが際立ち過ぎたのか、平均以上の沢田研二ファンを自認する私としても、聴くのがしんどい1枚である。

そして思うのだ。アルバム『不思議』は、沢田研二ファンにとっての『女たちよ』ではなかったか、と。

また、ボーカルが聴こえない／聴き取りづらいという意味では、今度は中森明菜と共通点の見出しにくい大滝詠一の『GO! GO! NIAGARA』(76年)を想起した。こちらも、いくつかの曲で、大滝のボーカルが非常に聴き取りにくい。

あえて共通するモチーフを抽出すれば「歌謡曲〜ボーカル・ミュージックへのアンチ」ということだろう。中森明菜と大滝詠一が、ボーカルのトラックのフェーダーを下げた理由の根っこは、「日本の音楽はボーカル重視し過ぎじゃないか」「ボーカルもサウンドの一要素じゃないか」という考えだったはずで、そのあたり、明菜と通じ合うと思うのだが、どうだろう。

そのほかにも、自分の声を忌み嫌い、加工に加工を重ねたビートルズ時代のジョン・レノンのことも想起したりしたのだが、中でも、もっとも強く思い浮かべたのは、ビーチ・ボーイズ『ペット・サウンズ』(66年)のことだ。

ここで、意識的なロックファンから異論が来そうだ。「あの超名盤、『ペット・サウンズ』の価値を矮小化していないか?」と。

あえて反論すれば(反論になっていない気もするが)、『ペット・サウンズ』が、この日本で、異口同音に「名盤」として神格化されるようになったのは、（『不思議』に詞と曲を提供した吉田美奈子とのコラボでも記憶される）山下達郎などの影響によるところが大きく、実はそんなに古い話ではない。

ビーチ・ボーイズのメンバーとして、孤高の音楽家＝ブライアン・ウィルソンが、そのほとばしる才能とアイデアを込めまくり、その結果、ポップスという地平を超越してしまった、世界最高峰の意欲作・野心作・「不思議作」なアルバム（アルバム『不思議』を好む人はぜひ聴いていただきたい）。

『不思議』に話を戻すと、音楽評論家として、こういう作品を推しに推すことで、「『不思議』ファンダム」（？）からの支持を得るという商売はあり得る。でも、ポップスが好きで、ボーカル・ミュージックが好きで、つまりはお金の匂いがぷんぷんする歌謡曲のファン出身の私としては、やはり推すことは難しい。

しかし、『ペット・サウンズ』同様、このようなチャレンジが、少なくともポップスという地平から一応は地続きのところで世に問われ、さらにはオリコン1位を勝ち取ったということ自体の意味は、重視しなければならないとも思うのだ。

確かにシングル『北ウイング』『ミ・アモーレ』『DESIRE－情熱－』や、前作アルバム『D404ME』と比べて、「お金の匂いがぷんぷん」しないかもしれない。ただ、その分、ややもすると狭くて息苦しい固定観念に囚われた、この国の大衆音楽の可能性をぐっと広げようとしたことは、重要な事実だと思うのだ。

推すことは難しいものの、忘れ去ることも難しい、しっかりと憶えておくべき1枚。

翌87年2月4日の「夜のヒットスタジオDELUXE」で、このアルバムから『BACK DOOR NIGHT』と『マリオネット』を披露する。好き嫌いは別として、そのパフォーマンスには鬼気迫るものがあった。言い換えると、そこにあるのは、固定観念から解放されたパフォーマンスだけが持つ、奔放な美しさだ。

最後に、日本における『ペット・サウンズ』再評価への機運を加速させた山下達郎によるアルバム解説文（88年版CDのライナーノーツ）から抜粋して終わる。『不思議』から、沢田研二、大滝詠一、ジョン・レノン、そしてブライアン・ウィルソンという孤高の音楽家を思い浮かべた理由は、このあたりにある。

――『ペット・サウンズ』のような響きを持ったアルバムは、あらゆる意味でたったこれ1枚きりであり、このような響きは今後も決して現われる事はない。それ故にこのアルバムは異端であり、故に悲しい程美しい。

#16
Fin

作詞　松本一起
作曲　佐藤健
編曲　佐藤準
リリース　1986年9月25日
オリコン最高　1位
売上枚数　31・8万枚

アルバム『不思議』を経た「アーバン歌謡」への回帰と大衆化

前作『ジプシー・クイーン』と似た「アーバン歌謡」である。シングル毎に、世界観を大きく変え続けてきた中森明菜にとって、この「連続感」は、これまでになかったことである。逆にいえば、そのくらい「アーバン歌謡」に鉱脈を感じていたのだろう。

ただ、その間にアルバム『不思議』を入れると、「連続感」というよりも「大変化感」ということになる。『不思議』で、男性キーの低音域で吠えまくった後の「アーバン唱法」への復帰。このようなタイミング論が、楽曲批評への前提となる。

『ジプシー・クイーン』と『Fin』、まず個人的にどちらがしっくりとくるかというと、この曲のほうに軍配を上げる。『ジプシー・クイーン』のところで、「アーバン歌謡」の「アーバン」性より「歌謡」性を、意図的に少し高めたのではないか――と書いたが、『Fin』ではさらに高まっている気がするからだ。そういう意味では、より大衆的で分かりやすいということになる。

佐藤健（本書の冒頭に出てきた大橋純子の夫）によるメロディでいえば、サビ前の「二人して　星座になれれば」のところがいい。コード進行は「【E7】→【A7】→【F♯7】→【Bm】」。「E→A」と、その全音上「F♯→B」が並ぶことで、緊迫感がぞくぞくっと高まり、分かりやすく盛り上がっていく。

続く「夜の火も消えないわー」の「わー」で「明菜ロングトーン」が一瞬顔を出す。相変わらずボーカルのミキシングはくぐもっているのだけれど、この「わ」で、霞を破って、こちらに突っ込んでくる感じがするところも、わたし的には加点評価だ。

そしてサビ「愛していたい　愛されながら」のキャッチーに動くメロディを経て、「手でピストル真似て」のところでメジャーコード（【D】）が出てきて、楽曲としてのピークを迎えるあたりの展開も絶妙。『ジプシー・クイーン』に続いて松本一起が手掛けた歌詞では、この「ピストル」がキーワードになっている。歌番組で中森明菜は、左手の人差し指と中指を重ねて、ピストルを表現していた。

ここでまた「中森明菜＝沢田研二論」を持ち出せば、想起するのはシングル『サムライ』（78年）の「片手にピストル」である（ただし沢田のピストル表現は右手の人差し指1本）。また間奏で「Hey」というかけ声が出るあたりはシングル『6番目のユ・ウ・ウ・ツ』（82年）っぽくもある。ちなみに松本一起は、翌87年、沢田研二にシングル『CHANCE』の歌詞を提供するのだが。

『Fin』に戻せば、何よりも曲をキャッチーに、分かりやすく、さらにいえば下世話にするのは「酔いつぶれ　甘える貴方　膝に抱き　むさぼる私」（どういう体勢なのだろう。しかし、とてもエロティック）や「女なんて　待ってるだけ　男より孤独なピエロよ」「百の罪も　一輪の薔薇で許せるのよ」という展開である。

正直、男性目線の願望を込めた女性表現という感じもするのだが、それでも、多くの昭和歌謡のように、男性に対して盲目的にかしずくのではなく、「手でピストル真似」て「Fin」を感じているところが、中森明菜っぽいし、「アーバン」だし、この曲独特の魅力的な世界観となっていると考えるのだ。

結論として、『SOLITUDE』→『ジプシー・クイーン』を受けて、さらに大衆化した「アーバン歌謡」という位置付けになる。こういう曲もあっていいだろう。なにせ、アルバム『不思議』の後というタイミングなのだから。

#17
ノンフィクションエクスタシー

作詞　さかたかずこ
作曲　さかたかずこ
編曲　椎名和夫
リリース　1986年11月10日
オリコン最高　1位
売上枚数　6・2万本

ワーナーの全方位戦略とプロジェクトの息抜きが両立

カセットテープで発売されたシングル。『中森明菜の真実』では、年配者のカラオケファンを狙った企画だったことが明かされている。

恐るべき全方位戦略とはいえまいか。一方では「アーバン歌謡」戦略で、都会の女性を狙いながら、それだけに安住せず、真逆ともいえる年配者まで取り込もうとする。また12インチシングルやミニアルバムに続いてカセットテープ限定というあたりにも、レコード会社＝ワーナー・パイオニア（以下：ワーナー）のあくなき商魂を感じる。

私世代にとって、ワーナーには洋楽のイメージが強かった。70年代、レッド・ツェッペリン（ATLANTICレーベル）、イーグルス（asylumレーベル）、クイーン（electraレーベル）という、いわば、当時の日本における人気バンドのベスト3がすべて、ワーナーから発売されていたのだから。

逆にいえば、ワーナーの邦楽では中森明菜が屋台骨だったということだ（ちなみに明菜自身のレーベルは「Reprise Records＝リプリーズ・レコード」）。かつては小柳ルミ子やアグネス・チャンなど渡辺プロの歌手がいたのだが（そもそも当初、同社には渡辺プロが出資していた）、渡辺プロ系・ＳＭＳレコードの設立によって、彼女たちが離脱。その後、85年の暮れに、少年隊が入ってくるものの、それでもやはり、頼みの綱は中森明菜だっただろう。

そのあたり、中森明菜も意気に感じていたようで、サイト「Smart FLASH」（２０２２年11月22日）の記事では、当時、素人っぽさで人気となったおニャン子クラブ、その中でももっとも企画性・素人性の高い「ニャンギラス」（立見里歌、樹原亜紀、名越美香、白石麻子）がワーナー所属だったことについて、「音楽関係者」がこう語っている。

——「明菜さんは、テレビ局の歌番組で『ニャンギラス』と居合わせた際、担当のワーナーの社員に対して『自分たちが世界の3大レーベルにいるという自負はないの？ 恥ずかしくないの？』と、強い口調で叱責していました。」

というわけで、恐るべき全方位戦略かつあくなき商魂の産物なのだが、いろいろな意味で息抜き的な作品でもあったのだろう。楽しげなジャケットや、また、やや時代がかった書体も年配者狙いという感じだ。今見てみて、私（56歳）もちょっと癒やされたりする。

曲自体は軽いスウィングで、こちらも一息ついたような曲調。「アーバン歌謡」の反動という感じもする。「Hey mon ami」のところは、同じくスウィングのサザンオールスターズ『東京シャッフル』（83年）のサビ「Pi Pi Pi ～」のところを想起させる。そのほかにも、いくつかの曲を思い付く感じで、つまりは馴染みやすいポップな曲ということだろう。

ボーカルは相変わらず深めのリバーブがかけられているが、ミキシング音量は小さくなく、「アーバン・ミキシング」も、今回はお休みという感じ。だから、聴き取りにくい歌詞を聞き分けようとするストレスを感じないので疲れない。

先の『中森明菜の真実』では、当時宣伝担当の田口幸太郎が「明菜の作品としてはほとんど売れませんでした」とあけすけに話しているが、セールス云々はともかく、レコード会社の商魂と、それに連携して新しいカテゴリーに向かう中森明菜のチャレンジ精神、そしてプロジェクト全体の息抜きを楽しむ。そんな1曲である。

CRIMSON

リリース　1986年12月24日
オリコン最高　1位
売上枚数　60・1万枚

「歌う兼高かおる」が東京に帰ってきた！

藤倉克己は、このアルバムのコンセプトとして、「次作は（東京の）目黒……、場所は碑文谷あたりに住む女性の一日の生活をイメージしたものにしたい」と語ったという（『中森明菜の真実』）。

碑文谷（ひもんや）とはまた具体的だ。当時の碑文谷といえばダイエーである。ただし、普通のスーパーのダイエーではない。ある意味「日本でいちばんおしゃれなダイエー」だった（余談ながら、現在は「イオンスタイル碑文谷」になっているが、サイト「日経クロストレンド」2017年3月30日の記事は「セレブなイオン」と報じている）。

地理的に碑文谷は、東急東横線の学芸大学駅と都立大学駅の中間あたり。アルバム全体を通底するのは、要するに東横線沿線の世界。つまり「アーバン歌謡」のメインリスナー像の生活を描いた作品といえるだろう。こちらはマーケティングとして正攻法。『CRIMSON』の戦略があっての『ノンフィクションエクスタシー』といえる。

音楽的には、今の時代としてはかなり聴きやすい。コードでいえば、マイナーコードではなく、マイナーとメジャーの中間的響きの「メジャー・セブンス（maj7）」が散りばめられている感じ。誤解を怖れずいえば「シティポップ明菜」感。

そして歌詞も、「ラッシュの人波」（『駅』）、「缶ビール」（『エキゾティカ』）、「ラジカセ」（『ミック・ジャガーに微笑みを』）など、これまでに比べて、登場する単語が身近で、こうなってくると東急東横線だけじゃなく、新玉川線（当時）や小田急線、京王線などなど、東京城西地区のリスナーにも開かれている感じがする。

作曲は、竹内まりやと小林明子の併用。今となっては2人に正直、格の差を感じるが、小林明子は『恋におちて -Fall in love-』（85年）の大ヒット直後だったので、ほぼ同格だったかもしれない。ただ、「達郎チルドレン」だった私としては、やはり竹内まりや作品が印象に残る。特に『駅』『約束』『OH NO, OH YES!』は、私の妄想では、碑文谷のワンルームマンションに住むOLと東急田園都市線沿線に住む既婚男性との物語（東急電鉄のロゴの色がCRIMSON＝真紅に見えてくる）。

などと書きながら思うのは、令和の世における「アーバン歌謡」を支えてきた都市概念の喪失である。令和の今、「碑文谷あたりに住む女性の一日の生活をイメージしたもの」といっても「はぁ?」となるはずだ。そもそも「OL」が死語となってしまった。

さて、この問題に触れざるを得ない。このアルバムの『駅』について、山下達郎が「憤慨」したという問題だ。達郎にとって、曲を作ったのは妻、編曲は元バンドメンバーの椎名和夫という、ある意味狭い世界の話なのだが——。

竹内まりやのベストアルバム『Impressions』(94年)のライナーノーツから、『駅』についての達郎自身の解説。ここでの「アイドル・シンガー」は明らかに中森明菜のことを指す。

——まりやは当初、この曲を自分で歌う事に難色を示していた。マイナー・メロの「歌謡曲的」なアプローチだからというのがその理由だったのだが、歌謡曲とそれ程縁のない(?)私の耳には、この曲はどちらかといえばイタリア風に聞こえたし、また、そのアイドル・シンガーがこの曲に対して示した解釈のひどさに、かなり憤慨していた事もあって、是非とも自分の手でアレンジしてみたいという誘惑にかられ、彼女を説得してレコーディングまでこぎつけた。

原則論として、提供された楽曲をどう歌おうが、提供された歌手の表現は自由だと思う。逆にいえば、提供側が憤慨するのも自由ということにもなるのだが。

「憤慨」した「解釈」とは、中森明菜の「アーバン唱法」、より具体的にはウィスパーっぽい歌い方が強すぎたということだろう（ただ、このアルバムでは、高音部分が強調されたボーカルミキシングになっていて、例えば『Fin』での「アーバン唱法」より、かなり聴き取りやすい）。

今となっては正直、どっちの意見がどうというより、中森明菜がなぜあの唱法に固執したかのほうに個人的興味がある。というのは、本人もアルトでの太い声（実はこの点、竹内まりやと似ている）や「明菜ロングトーン」が本領と分かっていたはずなのに。

いろいろな仮説が考えられるが、いちばん大きな要因は、歌そのもの（とりわけ日本の音楽シーンで偏愛されがちな、ベルカント唱法的な朗々堂々発声）で勝負するのではなく、歌をワン・オブ・ゼムとした作品世界全体を演出することで勝負したいというモチベーションではなかったか。

いわば「演技型／憑依型シンガー」としての自意識である。ここで最上級の例を引き合いに出すと、竹内まりや、松任谷由実ではなく、そのモチベーションは、「言葉の実験劇場」＝「夜会」を続ける中島みゆきの方向だったということではないか。そう、中島もいろんな声を持っている。『地上の星』(2000年)と『ファイト!』(83年)の違いたるや。また、竹内まりやが作ったデモテープの完成度が抜群に高かったという話が知られている。対して、血気盛んな中森明菜が、まったく別の歌い方を繰り出そうと思った可能性も高い(ちなみに、まりやの13年のアルバム『Mariya's Songbook』に『ミック・ジャガーに微笑みを』のデモ音源が収録されているが、確かに素晴らしい出来)。

ではここで、この『駅』問題について、個人的見解を述べれば、「達郎チルドレン」出身として、やはり竹内まりや版を選びたくなる。ただ慌てて補足すれば、『駅』(87年)や『シングル・アゲイン』(89年)より、竹内まりやでいえば、何といっても『もう一度』(84年)というセンスの者なのだ、私は。

逆にいえば、『駅』は竹内まりや版に限る、というほどの鼻息は出てこないし、さらには、竹内まりやに挑戦状を叩き付け、山下達郎を憤慨させた21歳の女性にあっぱれと言いたい気持ちもある。少なくとも、明菜ワールドを完璧に作り上げた『歌姫ダブル・ディケイド』(2002年)版よりは、『CRIMSON』版のほうが痛快だと考えたりもするのだ。

ま、そんなこんなも、ベストアルバム『Expressions』(2008年)のライナーノーツに寄せた竹内まりや自身のコメントで、ノーサイドとしていいだろうという気持ちになる。

——'86年に中森明菜さんのアルバム用の依頼が来た時、テーブルに彼女の写真を並べて、情景イメージが出て来るまでずっと見つめていました。せつない恋物語が似合う人だと結論を得た私が、めずらしくマイナーコードで一気に書き上げたこの曲を、のちに自分も歌い、今のようにスタンダードな存在になっていくとは夢にも思いませんでした。明菜ちゃんからの依頼がなければ書けなかった歌です。

一旦落ち着き、深呼吸してアルバムに戻ると、またまた、ラストがいい。異常に込み入った設定で始まる（ぜひご一聴を）『ミック・ジャガーに微笑みを』は、中森明菜版『アンフィシアターの夜』（竹内まりや84年のアルバム『VARIETY』収録）という感じ。こちらは、まりや版とぴったりとシンクロしたような野太いロックボーカルがいい（なお、明菜自身も『アンフィシアターの夜』を88年のライブで歌う）。

しかし、何といっても、ミック・ジャガーを持ち出してくるタイトルと歌詞がいい。「あなたは私のミック・ジャガーよ　いくつになってもワルで可愛い」と言われたら、喜ばない男はいないと思うのだろう。山下達郎も、もしやミック・ジャガー本人も——。

#18
TANGO NOIR

作詞　冬杜花代子
作曲　都志見隆
編曲　中村哲
リリース　1987年2月4日
オリコン最高　1位
売上枚数　34・8万枚

この曲で明菜が見せる「総合芸術」と「素」の関係について

「総合芸術としての中森明菜」について語ろうと思う。

「総合芸術」とはいよいよ大げさだが、「歌詞＋メロディ＋編曲＋歌」という「音楽芸術」に加えて「ファッション＋ダンス……ほか」が加わっているという意味だ。少なくとも、当時の彼女のファンは、後者の要素も含めて評価していたと異口同音に言う。

「総合芸術」の一体感、各要素が相乗効果を持って高まりに達していたことが、日本歌謡史における（とりわけ80年代後半の）中森明菜の特異点だと思う。

確認しておくべきは、当時の日本のカルチャー状況だ。全体的傾向でいえば、中森明菜よりも小泉今日子の方角に向いていたと思う。つまり『なんてったってアイドル』（85年）や、それを作詞した秋元康、彼が手掛けたおニャン子クラブに象徴される「歌謡界、芸能界なんて茶化してナンボ」という空気。

そんな空気の中（言い換えれば、先述のニャンギラスまでがいる中）で、中森明菜が「総合芸術」にプロフェッショナリズムを持って取り組んだこと、そして、きちんと高みにたどり着き、ビジネス的な成果を得たことは、特異も特異、空前絶後だと思うのだ。

今回は、そんな「総合芸術」の一体感をいちばん楽しめるシングル曲としての『TANGO NOIR』。「アーバン歌謡」から遠かった「はっぴいえんど少年」の私にも、当時しっかりと聴こえてきた曲。

87年は、ブロードウェイで成功を収めたショー「タンゴ・アルゼンティーノ」（タンゴ・アルヘンティーノ）の来日公演を控え、ちょっとしたタンゴブームが起きていて、記憶をたどれば、少々あざといと思ったものだ。

しかし、音楽は『DESIRE－情熱－』同様、シンプルなコード進行で分かりやすかった（「瞳（め）の中にかげろう　赤くゆれて」の後に『DESIRE－情熱－』の「まっさかさーまーにー」を歌いたくなるのは、私だけかしら）。

サビの「（ふ）りむ（く）だ（け）で（あ）な（た）」の（　）以外の音が効いている

（コード【B♭m】に対して6度の音）。あと、全体的に緊張を途切れさせない中村哲のアレンジもいい仕事をしている。

「総合芸術」的視点でいえば、この曲を中森明菜は、かなり激しく踊りながら歌うことに注目したい。大いに動き回った上に、「Tango【Noir－－－】」の「明菜ロングトーン」を炸裂させるフィジカルのすごみ。

あと何といっても、冒頭で決める「明菜（イナ）バウアー」ポーズが印象的だ。80年代中森明菜のシンボル、アイコンともいえるシルエット。さらには、そのシルエットを包む、自らが主導したシックかつ派手なファッション（黒＝NOIR＝基調）も映える。

歌詞もダンスに絡んでいて、かなり「動き回った」言葉遣いとなっている。「命を燃やして　踊れば「Tango」「ターンきめられたら」、極めつけは「のけぞる胸元　くちづけられ」で歌詞が「明菜バウアー」とリンクするところ。

というわけで、まとめると、完全なる「総合芸術」としての中森明菜を観て聴いて楽しむ曲ということになる。なるのだが……。

必要以上に話をややこしくしてしまうが、さらに付け加えたい点があるのだ。それは「総合芸術」としての完全性の中に、少しだけ「素」が垣間見える瞬間について。

例えば、映画『中森明菜イースト・ライヴ　インデックス23　劇場用4Kデジタルリマスター版』にもなった、89年のコンサートにおけるこの曲の間奏で、ほっとしたのか、緊張が途切れたか、もしくはダンスで少しミスをしたのか、にっこりと白い歯を見せる瞬間がある。

このような「素」が垣間見える瞬間は、中森明菜のほかのコンサートや歌番組でも、ちょいちょい見受けられるし、インタビューでは、緊張しいでおっちょこちょい……など（一見）完全性の対極としての「素」をあられもなく見せる。

まず思うのは、完全性の中にふと垣間見える20歳過ぎの女子としての「素」。これ、当時のファンにはたまらなかったのではないか。令和の56歳のオヤジにも、かなりグッとくるのだから。

次に思うのは、完全性と「素」が対立せず、むしろ相乗効果を持って、中森明菜の魅力を高めたということだ。

中森明菜の「素」は、当時のキレッキレのビートたけしが、例えば下品な被り物をして大暴れしながら、ふと見せる「素」、そして「って、バカやっちゃってよぅ」とつぶやくことで上書きする「素」に通じると思う。

下品な被り物をする「芸人・ビートたけし」と、「って、バカやっちゃってよぅ」とつぶやく「人間・ビートたけし」の総和として、いよいよ高まった魅力。

同様に「総合芸術家・中森明菜」のパフォーマンスの中に「人間・中森明菜」の「素」が加わって、いよいよ高まった魅力が、80年代後半を席巻する大きな理由となったのではないか。

言いたいことは、中森明菜がコンサートで見せる見事なパフォーマンスと、にっこりと白い歯を見せることは、何ら対立しないということだ。対立するのは、ニャンギラスが歌い間違えたときに見せる苦笑いの白い歯なのだ（見た記憶などないが）。

最後に。「総合芸術」の一要素としてジャケットもある。中森明菜のジャケットには当たり外れがあると思うが、この曲のジャケットは最高だと思う。完全に「総合」だ。

#19 BLONDE

作詞　Biddu-Winston Sela
日本語詞　麻生圭子
作曲　Biddu-Winston Sela
編曲　中村哲
リリース　1987年6月3日
オリコン最高　1位
売上枚数　30・1万枚

洋楽／ダンスミュージックに挑戦したサウンドに乗る戦略的な言葉

中森明菜の次なるチャレンジは洋楽への接近だ。よくもまぁ次々と音楽的挑戦に向かっていけるものだと、そのバイタリティに驚きっぱなしである。シングルだけを見てみても、これほど変化の多い多様なディスコグラフィは、今では考えられないだろう。

ただ「洋楽への接近」は、そうしたチャレンジの中で、当時としては、ある意味王道のものだともいえる。例えば松田聖子は、この2年前となる85年に全編英語詞のアルバム『SOUND OF MY HEART』をリリースしている。「洋楽に追いつけ追い越せ」、まだまだそういう時代だったともいえよう。

この『BLONDE』は、次に紹介する、全編英語詞のアルバム『Cross My Palm』収録曲＝『THE LOOK THAT KILLS』の日本語版である（ただし演奏もキーも異なる）。

「結果的に洋楽チックな作品になっていたので、歌謡曲を求めてきたファンは戸惑ったのではないかと思います」と藤倉克己は語るが（『中森明菜の真実』）、確かに売上は30・1万枚で、『少女A』以降最低となった（それでも1位だが）。

A面のみならずB面にも共通するのは「洋楽感」、さらにいえば「ダンスミュージック感」だ。『BLONDE』では、その象徴がベースで、「ペキッ」という音のチョッパー（スラップ）が終始鳴り響いている。またB面は、当時ダンスミュージック界の新星だった久保田利伸を起用した「ザ・久保田利伸サウンド」となっているのだ。

『BLONDE』を歌番組で歌っている姿を確認する（「夜のヒットスタジオDELUXE」87年9月16日）。タイトめのスカートスーツで歌い踊り、ソバージュの長髪をかき上げる仕草は当時の「かっこいい女」を体現している。当時の中森明菜ファンを強く憧れさせたことだろう。

しかし、麻生圭子による日本語詞（先の『THE LOOK THAT KILLS』とは内容が異なる）に、本人含むスタッフのクレバーな戦略性を感じるのだ。

具体的にいえば、かっこよく決めていても、結局男に「呼ばれるまま　かしずいた」、男に「髪を引きずられ　夜へ」という女性（痛そう）、そして極めつけは「女は誰も　本当はだまされたい」――。

1番の「時代が甘やかすから　男たち愛に手を抜くの」という、一見上から目線のパンチラインが目くらましになるが、一皮むけば、かなり古風な、というか男性目線のような恋愛観、さらにはセックス観が染み出てくる。

洋楽的ダンスミュージックに歌詞も『SOLITUDE』のようにつっけんどんだったら、当時の中森明菜ファンにとって、取り付く島もなかったことだろう。そうなると30万枚を切っていたかもしれない。

そうではなく、ダンスサウンドに浸る「かっこいい女」が、タイトめのスカートスーツを脱いだら、「かしずいて・引きずられ・だまされる」古風な女性だった、というバランスで保険がかかっている。ここでファン（男性層や、自らも古風な女性層、とりわけ『SOLITUDE』にはちょっとついていけなかったような）が、安心して惹き付けられる。

『SOLITUDE』的、タイトめのスカートスーツ的にかっこいい「アーバン性」と、古風な女性という「歌謡曲性」の際どいバランスの中、やじろべえがだんだんと落ち着きながら、80年代末に向かって、「アーバン歌謡」が完成されていくことになる（ただ個人的には、取り付く島もないパッツンパッツンな『BLON-SOLITU-DE』を聴いてみたくなるのだが、それは令和の世だから、かもしれない)。

B面『清教徒(アーミッシュ)』は、ある意味でA面よりもポップに感じる。翌88年リリース、久保田利伸のアルバム『Such A Funky Thang!』の特大ブレイクを知っている身としては尚更。また「明菜ロングトーン」も増量していて、聴き応えがある。

しかし、タイトルが「清教徒(アーミッシュ)」とはどうしたことか。というのは、宗教方面には明るくないが、いわゆる清教徒(ピューリタン)と、映画『刑事ジョン・ブック 目撃者』(85年)で取り上げられた、アメリカやカナダにおいて、移民当時の農耕や牧畜による自給自足の生活スタイルを現在も維持している集団=「アーミッシュ」とは、意味するところがかなり異なるからだ。

だから、「清教徒 アーミッシュ」で検索しても、出てくる結果はすべて中森明菜の曲名となる。そんな乱暴な作詞家の名前は、秋元康。宗教的でデリケートな事柄なので、こちらがA面だったら、もしかしたら、ややこしいことになったかもしれないと思う(そのあたりも含めて、野心溢れる若き秋元康の戦略通りだった気もするが)。

というわけで、A面・B面とも、ちょっと言葉が気になるシングルでもあった。続いては、中森明菜が全編英語詞に挑んだアルバム『Cross My Palm』をご紹介する。

Cross My Palm

リリース　1987年8月25日
オリコン最高　1位
売上枚数　34・3万枚

アルバムのテーマはずばり洋楽への接近。海外に詳しい日本人＝兼高かおるではなく、海外の人そのものになりきろうということだ。ここでの「海外」は「アメリカ」と訳していい。

前項に書いた松田聖子に代表されるように、英語詞で歌って、米国市場を狙うというのは、昭和日本の音楽シーンで、決して珍しいアプローチではなかった。それもこれも、坂本九『上を向いて歩こう』（61年）の米国ビルボードのシングルチャート1位を獲得したことを念頭に、夢よもう一度となったわけである。

だから、日本の音楽シーンを席巻した中森明菜としては、自然な流れだったと思われる。加えて、本人が洋楽を熱心に聴いていたこと、元来のチャレンジ精神が働いたこと、さらには、おニャン子系が跋扈（ばっこ）するような日本の音楽シーンへの幻滅も背景にあったかもしれない。

アルバムを一聴して分かるのは、87年の洋楽サウンドが見事に再現されていることだ。当時のミュージックビデオ（ＭＶ）を見ている気になる。具体的にはテレビ朝日系「ベストヒットＵＳＡ」やテレビ神奈川「ミュージックトマト」に流れていたり、あと「カフェバー」の天井からぶら下がったブラウン管に流れていたりの。

そう「再現」。アルバムトータルとして、明快な音楽的志向性があるわけではなく、むしろバリエーションがあることを前提として、カギカッコ付きの「洋楽」を歌ってみた、やってみたというアルバムなのである（「架空映画のサントラ」「12曲を歌う12人の中森明菜」などと説明された）。

そんな、洋楽との関係性の取り方について近いと思うのが、当時、中森明菜と同じくワーナー所属だった頃の矢沢永吉だ。

有名な話だが、矢沢永吉は、米国市場を狙ってＣＢＳソニーからワーナー・パイオニアに移る。忘れられないのは、シングル『ROCKIN' MY HEART』（82年）を聴いたときの衝撃である（奇しくも、のちに中森明菜も出演するパイオニアのオーディオブランド「Private」のＣＭに使われた）。

まるっきりの西海岸サウンドの中にあの「永ちゃん」がいる感じ。『時間よ止まれ』やキャロルとはまるで無縁、「洋楽」をやること自体が目的化された印象を受けた。アメリカに拠点を移してまで、真剣に「洋楽」に取り組んだ矢沢永吉とは状況が異なるものの、「洋楽」を歌ってみた、やってみたという点において、共通するところがあると考える。

さて、このアルバム、いろんな洋楽が見え隠れするのだが、その真ん中にいるのはマドンナだ。ちなみにマドンナのレーベルは「Sire」(サイアー)で、日本ではワーナーからの発売だった。

87年のマドンナは特大ブーム。6月初来日して、後楽園球場と大阪球場という、懐かしい場所で野外公演を大成功させた(東京ドームは後楽園の横に建設中というタイミング)。日本の若手女性シンガーで、影響を受けなかったほうが珍しいだろう。

収録楽曲では、その「マドンナみ」を感じる#2『POLITICAL MOVES』、「スティーリー・ダンみ」や「クォーター・フラッシュみ」(?)の#7『SOFT TOUCH』、あとはメジャーキーの#9『THE TOUCH OF HEARTACHE』と#12『HE'S JUST IN LOVE WITH THE BEAT』が印象に残る。あと、歌詞カードに訳詞がないとか、異常に制作費がかかったといわれるMVをニューヨークで撮影したというあたりも、とても「洋楽」的。

ただし、英語の発音が追い付いていないところや、明らかに歌い切れていないところがあるのはご愛嬌か。そもそも全体的にキーが高く（特に『BLONDE』の英語版＝#6『THE LOOK THAT KILLS』など）、低くふくよかな「明菜アルト」が活かされない。マドンナやシンディ・ローパーのような高いキーにトライしたいという、元来のチャレンジ精神の結果だったと思うのだが。

というわけで、「企画もの」だとくることも出来ようが、右記4曲を中心に、それでも案外楽しく聴けるのは、中森明菜のチャレンジ精神と世代的な懐かしさの結果だろう。そして、次のシングルとの段差を考えると、ここで「洋楽」を満喫するのは、必要なステップだったとも考える。

最後に。矢沢永吉がワーナーと決別するときのエピソードが最高に面白いので、本書のサブテキストとして強くおすすめする。矢沢永吉の著書『アー・ユー・ハッピー？』（日経BP）の「レコード会社移籍」の章を参照のこと。

#20
難破船

作詞　加藤登紀子
作曲　加藤登紀子
編曲　若草恵
リリース　1987年9月30日
オリコン最高　1位
売上枚数　41・3万枚

「歌う兼高かおる」の元祖が22歳の中森明菜にこの曲を捧げた理由

87年も秋に向かっている。41・3万枚と前作よりも売上枚数はリフトアップ。87年が暮れかけても、中森明菜の時代はまだ暮れる気配がない。作者は加藤登紀子。作詞・作曲が同一人物というのは『飾りじゃないのよ涙は』以来。

広く知られた曲である。80年代後半の中森明菜の代表曲といっていい。代表曲たらしめるのは、その分かりやすさだ。ここまで見てきたように、ハイコンテクストになりつつあった80年代後半の楽曲群の中で、この分かりやすさは映える。

「私は愛の難破船」「さびしすぎて　こわれそうなの」「あなたを海に沈めたい」

――つまりは「怒涛の恋愛」。言い換えれば、「アーバン」という媒介を持ち出しながら、中森明菜が注意深く距離を取り続けた「歌謡曲」世界のど真ん中だ。

そんな『難破船』をさらに盛り上げたのが、翌88年1月6日の「夜のヒットスタジオDELUXE」である。作者・加藤登紀子の前で、和服姿の中森明菜が切々と歌い、間奏のところで涙を流し始めたのだ（余談ながら、加藤登紀子の横に近藤真彦もいた）。この日のオンエアは半ば伝説化され、のちに、美空ひばり『悲しい酒』の涙と関連付けて語られるようになる。

果たして中森明菜は、『SOLITUDE』からの「アーバン歌謡」の対極的な世界に行ってしまったのか？

この曲、そもそもは84年12月に発売された、加藤登紀子のスタジオアルバム『最後のダンスパーティ』の収録曲だったのだが、あるきっかけで加藤は、中森明菜にこの曲を贈りたいと思い、曲が入ったカセットテープを本人に直接手渡したのだという。それは、87年の中森の誕生日のこと。

――「テレビに出ていて、皆におめでとうって言われるでしょ。そうしたら『22なんて大嫌いです』って彼女（註：中森明菜）が言ったんですよね。それを聞いた時に主人公に選んだんです。もう最高って。そういうことを言っている明菜さんに親近感を感じて、いいなと思ったんですね。」（サイト「スポニチ」2022年11月4日）

さて、ここで突然だが、『登紀子自伝　人生四幕目への前奏曲』（トキコ・プランニング）を読んでみる。目次を抜粋。

・ハルビンの詩――父と母の青春
・初めてのパリ――ギター教室へ
・ソ連旅行――「百万本のバラ」への伏線
・悲しき天使――チェコ侵入の夏
・中東ひとり旅――命いっぱいに生きたい
・中南米ひとり旅――語りきれない豊饒の旅
・モンゴル旅行――ゴビ砂漠の空の下で
・カーネギーホール――日系アメリカ人へのチャリティー
・ピアフの墓――フランス革命二〇〇年
・ポーランドの歌姫――アンナ・プリュクナル

・鳳仙花——波乱の韓国コンサート
・シパンゴ——全曲フランス語のアルバム
・東欧への旅——ウイーン、ソフィア、プラハ公演
・南アフリカ——アルバム「TOKIKO・SKY」
・UNEP——国連環境計画親善大使
・幸せの国——ブータンでコンサート
・百万本のバラ物語——ラトビアの子守唄から始まった
・サハリン公演——残留邦人の人生と向き合う

どうだろう。まさに「歌う兼高かおる」がここにいるではないか。単にグローバルな曲を歌うだけでなく、恐るべきスケール感で実際に飛び回って、グローバルに活動している凄み。

そして、それらの合間に、東京大学に入学し、学生運動に身を投じ、獄中結婚し、3人の子供を育てているのだから、あっぱれというしかない。なんと情報量の多い人生だろう。

ここからは仮説だ。加藤登紀子はなぜ中森明菜に、この曲を託したのか。まずは「歌う兼高かおる」の元祖として、ついに現れた「後輩」に対する期待があったのではないか。

加えて、屋上屋を架す仮説として、中森明菜の「22なんて大嫌いです」という発言に、彼女のプライベート、とりわけ恋愛に関する異変、それが言い過ぎならば、何らかの不安定感を感じ取ったのではないか。

というのは、そもそもこの曲誕生の経緯が大失恋だったのだ。先のスポニチの記事より。

――「私の20歳の時の失恋を歌った歌なんです。20歳の時の失恋って、初めての挫折だから、すごい奈落の底に落とされたようなショックがあったので、私がその当時40を超して歌っていましたからね。この歌の主人公は20代がいいって思って明菜さんに贈ったらどうかしらと思ったわけです。」

また19年10月5日のTOKYO MX『ミュージック・モア』で加藤登紀子は、先の中森明菜22歳の誕生日の姿に「失恋」を感じ取ったことを匂わせている（ただ具体的な「失恋」か、喩えとしてのそれかは分からない）。

――「失恋した後は何がおめでたいの？　みたいな。風を切って歩いていくような（様子を）私も一番カッコ良かったと思っているんです、その頃は…。それが明菜さんに

感じられて…」（サイト「zakzak」２０２２年4月12日）
これらの発言に仮に補助線を引けば、「『難破船』は、奈落の底に落とされた失恋をしているような、20代の中森明菜がいい」と言っているようにも聞こえないだろうか。
さらに加藤登紀子は、『消えた歌姫　中森明菜』で、異常に深みのある言葉を放つ。少々長いのだが、抜粋できない迫力があるので、発言全文を引用する。

――「今は男とか、女とか、明確に区別する時代じゃないかもしれないけど、私は男と女とでは、曲の残り方が違うと思う。例えば、石原裕次郎さんのように力強く上り詰めて旗を掲げる人は、その下には彼を慕うたくさんの人がいて、一つの勢力になる。そうやって男は塔を築き上げますが、女は孤立によって際立ち、周りに仲間を作ることなくそそり立つ。巨大な木として育って、根は張っていても孤高にして寂しい。歌姫として上に行くほどに孤独になるけれども、塔ではないから崩れないし、決して消えない。だから私はひばりさんや中島みゆきさんが好きなのです。その系譜に連なるのが明菜さんだと思う。」

なんという言葉の凄みだろう。「歌う兼高かおる」の先達、いや、一人の人間としての凄みにひれ伏す。恐れ入る。

そして、この発言によって、『SOLITUDE』の項で述べた、(「LONELINESS」＝「消極的孤独」の対義語としての)「積極的孤独＝SOLITUDE」と『難破船』の間に補助線が引かれる。いや「補助」線ではない。女性としての「本質」線だ。

美空ひばり・中島みゆきと中森明菜を並べたこの加藤登紀子の発言は、明菜に対する最大級の賛辞であり、そしてエールのように聞こえてくる。

ひばり・みゆき、加えて、発言の主である登紀子らが見ることのできた景色にまで、中森明菜はたどり着けただろうか。言葉を選ばずいえば、まだまだたどり着いていない。でも、遥かに広がる海原の景色に向けて、その船は難破、いや停泊しているだけのことだ。

航海は、まだ終わったわけではない。

第四期〈到達〉

1988-1989

#21

AL-MAUJ

耳にすーっと入ってくる音楽性は拡散から収束への転換点か？

作詞　大津あきら
作曲　佐藤隆
編曲　武部聡志
リリース　1988年1月27日
オリコン最高　1位
売上枚数　29・7万枚

いよいよ88年に突入。盛り上がるバブル景気の中、昭和天皇のご容態を気にし続けた1年、中森明菜のシングル・ストーリーは、静かに、安定的に始まった。

これまでの流れからすると、耳に、自然に、すーっと入ってくる曲という印象を受けるのだ。80年代後半を通じて、「もっと新しく！」「もっと過激に！」という野心、挑戦心が一段落した感じの1曲だ。

拡散から収束へ、ということだったのだろうか。

あらためて今、デビューからのシングル・ストーリーに耳を澄まし続けてきて、彼女のあくなき野心に耳と目がクラクラしてきた身として、ホッとする半分、ちょっと寂しい気もするのが正直なところだ。以下、そのあたりを確認していく。

タイトル『AL-MAUJ』。アラビア語で「波」を意味する。『ミ・アモーレ』『SAND BEIGE－砂漠へ－』以来、再度「歌う兼高かおる」のど真ん中へ、という感じだ。ギリシャで撮影されたジャケットもまさに「歌う兼高かおる」そのもの（よく撮れている）。

ボーカルはお得意の中低域に設定（下のAから上のG＝男性でも歌えそうなキー）。民族風の衣装で、植物が絡まった特別なマイクに向かって、堂々朗々と歌われる。個人的には、翌89年、よみうりランドEASTライブにおけるベストテイクのひとつだ。

80年代中期からの、よく聴き取れなかったり、霞がかっていたようなミキシングだったりという、ボーカルを作品全体に溶け込ませるような「アーバン歌唱」も一段落。やっぱり中森明菜の中低域は、普通に気持ちいい。また「明菜ロングトーン」もたっぷり配合。

この年、この曲及び男闘呼組『DAYBREAK』でブレイクする大津あきらの歌詞も分かりやすい。テーマは「恋愛のジレンマ」といったところ。

全体的にかなりセクシーな世界観だ。歌詞の中でのパンチラインは「こ・こ・ろ・ヒ・ラ・ヒ・ラ」。実はこの曲の宣伝コピーも「ひらひら、みだら……」というものだった。

余談だが「・」（なかぐろ）で文字が分割されるあたり、沢田研二的なものを感じる

(『ス・ト・リ・ッ・パー』『6番目のユ・ウ・ウ・ツ』)。また、さらに余談だが、大津あきらはのちに高橋真梨子に『ヒ・ラ・ヒ・ラ淫ら』(90年)という曲を提供する。

そして佐藤隆によるメロディだ。同一のモチーフが繰り返されていることが、非常に覚えやすく、耳にすーっと入ってくる要因である。

繰り返されるモチーフをリズムで大きく分ければ4つ。

・ゆめっ・いちー・ずにー(冒頭)
・タタッ・タター・タター

・やさしい・ささやき・さーえもー
・タタタタ・タタタタ・タータター

・べつにわ・たしー
・タタタタ・タター

・あやつっ・てー
・タタタタ・ター

しかし「曲の顔」といえば、やはり冒頭だろう（サビとして感じる）ここを聴いて浮かび上がるのが、同じく佐藤隆作曲の高橋真梨子『桃色吐息』（84年）の残像だ（作詞：康珍化）。

・さーか・せーえ・てー
・タータ・タータ・ター

『AL-MAUJ』の「タタッ・タター」と『桃色吐息』の『タータ・ターター』、付点四分音符のリズムで共通している。つまり「タタッ」「タター」「ターター」、文字数が3つで同じ＝八分音符3つ分ということで共通しているということ。

実は、佐藤隆が手掛けた中森明菜『椿姫ジュリアーナ』（『SAND BEIGE－砂漠へ－』B面）も、さらには大津あきら×佐藤隆による堺正章『二十三夜』（86年）も、歌い出しは付点四分音符のリズムを使っている。

これ、日本人の大好きなラテン的リズムともいえそうで、そうなると、アラビア語のタイトル×ギリシャ撮影のジャケット×ラテン的リズムと、なんとまぁ「メガ盛り兼高かおる」の組み合わせということになるのだが。

それはともかく、ボーカルから歌詞世界からメロディからリズムから、さらには『桃色吐息』から、全体が群となって、「耳にすーっと入ってくる」曲として響いてくる。これを収束と見るか、はたまた「収束への挑戦」と見るか……。

ちなみに売上枚数は29・7万枚で、『難破船』からは10万枚以上もショート。それは収束の結果なのか、それとも、時代との噛み合わせが少しずつ狂ってきたのか。

Stock

リリース　1988年3月3日
オリコン最高　2位
売上枚数　39・6万枚

約40万枚を売り上げたが、週間アルバムランキングでは最高2位となった。このアルバムの1位を阻んだのは、大ヒットした新録版『乾杯』を収録した長渕剛『NEVER CHANGE』。中森明菜に続く3位は小田和正の『BETWEEN THE WORD & THE HEART』。そういう時代だ（オリコン88年3月14日付）。

帯には「アナザー・シングルスとも呼べる珠玉の10曲を集めたニュー・アルバム!!」と書かれている。「アナザー・シングルス」＝過去のシングル候補曲、つまりは「ストック」を集めたアルバム。各シングル制作時に、膨大な候補曲を集めていたというので、宝の山が残っていたのだろう。事実、楽曲のクオリティはおしなべて高い。藤倉克己は「最高傑作アルバム」と自負している。

サウンドはずばりハードロック。歌詞カードには、ちょっと変わったクレジット「ADDITIONAL ARRANGEMENT BY KENJI KITAJIMA (FENCE OF DEFENCE)」と書かれている。当時ギター・キッズだった私にとっては、北島健二もFENCE OF DEFENCEも懐かしい名前だ。その派手派手なギターは理屈抜きにかっこよかった。また、#6「NIGHTMARE 悪夢」のクレジットには編曲欄にも「FENCE OF DEFENSE」と書かれている。

そして「MIXED BY MICHAEL ZIMMERING」。マイケル・ツィマリング。BOØWYのサードアルバム『BOØWY』で名前を見知ったドイツ人である。その前にはデヴィッド・ボウイのプロジェクトにも参加した人（BOØWY『MORAL＋3』が先の週間アルバムランキングの9位）。

過去のシングル候補曲なので、原曲はハードロックと無縁なものが多いはずなのだが、「FENCE OF DEFENSE＋BOØWY」という強烈な味付けによって、「ハードロック明菜」、爆誕。

藤倉克己が言うように、ある意味で完成度が非常に高い。楽曲の平均レベルが高く、ブレがない。「明菜ロングトーン／ビブラート」も満載。さらには「ハードロック明菜」としての統一感があり、全曲流しっぱなしで聴けるアルバムだ。

ここで思うのが、なぜ「ハードロック明菜」に徹したのかということだ。勝手に仮説としては、『少女A』『1／2の神話』『十戒（1984）』『DESIRE－情熱－』〜「明菜ロングトーン／ビブラート」などに向けた、一種の原点回帰か。光GENJIの時代が到来した音楽シーンの中、アイドルとして後続となる南野陽子、中山美穂、工藤静香、浅香唯には決して追い付けない独自の世界観の追求だったか。はたまた、歌謡曲の衰退を見据えた、よりロックな音楽性への目線合わせだったか。

このアルバムで中森明菜は、北島健二に刺激され、そそのかされて、張り合いを持っていきいきと歌っている感じだ。明菜という人は、つくづく「刺激され上手」「そそのかされ上手」だと思う。元々の方向性は基本、自身で決めるものの、それを受け取ったコラボ相手とのキャッチボールの中で、千変万化する「パフォーマー」の資質に目を見張る（80年代前半の沢田研二にも通じる）。

ただ、逆にいうと、80年代後半これまでの明菜のアルバムにあった実験性、サンドウィッチマン的に言えば「ちょっと何やっているか分からない」な部分に決定的に欠ける。つまり「何やっているか分かる」アルバム。ここらあたりが意見の分かれるところだろう。

個人的には、楽曲のクオリティの高さには満足するも、「ハードロック明菜」のこれでもかこれでもかな応酬を、少々息苦しく感じたのも事実。だから曲としては、ハードロック一色ではない、例えば、#1『FAREWELL』や#10『FOGGY RELATION』など、コンテンポラリー色、ＭＴＶ色の入った曲がいいと思った。

しかしながら、「ハードロック明菜」に安住することなく、通過点にするのが、中森明菜の明菜たるゆえん。

#22 TATTOO

作詞　森由里子
作曲　関根安里
編曲　EUROX
リリース　1988年5月18日
オリコン最高　1位
売上枚数　29・7万枚

「サイバーパンク・ジャズ」と「ネタ消費」と時代との狭間で

発売から3カ月ほど後の88年の夏休みは、昭和最後の夏休み。私は軽井沢で行われる大学のゼミ合宿に向かった。ゼミの先生に加えて、私たち3年生と一学年上の4年生が参加する合宿。経済学科だったこともあり、参加メンバーは全員男性。

当時の就活は4年生になってから行うものだったが、合宿に参加する4年生は全員、就職が決まっていて、かなり浮かれている（言うまでもなく、バブル期のことである）。

夜はお決まりの宴会となり、深夜まで果てしなく続く。4年生は3年生に、無理やり芸をさせる。私も何か披露したはずなのだが、憶えていない。

そんな中、同学年のFが、この『TATTOO』を歌い踊りながら、少しずつ服をはだけていくというネタを披露したのだ。そしてかなりウケた――と、書いていて、実につまらなく・くだらないエピソードだと思いつつ、今回は、こんな個人的な記憶から始めてみた。

言いたいことは、この曲が、（バカ）男子大学生が、そういう場でそういう形で「使う」ほどに広がったこと。なぜか。

まずはファッション。中森明菜が、当時流行っていたボディコンシャスな衣装に挑戦。また『ミュージックステーション』では、これもこの年流行ったひまわりをまとった回もあり、強烈なインパクトを残した。

そして言うまでもなく、何といっても私たち、男子大学生の話題をさらったのがミニスカートと美脚。言葉本来の「セクシー」によって、「ちょっと遠い『アーバン』世界に行っていたように見えた中森明菜が帰ってきたぞ感」をもたらしたのだ。

また音楽的にも、実はシンプルな作りである。『DESIRE - 情熱 -』以来といっていいシンプルさ、ストレートさ。キーはF♯m（『DESIRE - 情熱 -』と同じ）で、コード進行も分かりやすい。サビでメジャー（D）に転調するものの、技巧的な感じはなく、むしろキャッチー。ある意味『AL-MAUJ』の分かりやすさ・歌謡曲感の継続といえる。

ただ、一筋縄で行かないのは、楽曲全体のアレンジがスウィングジャズ・テイストになっていることだ。テンポの速い高速スウィングは、イントロから聴き手を戸惑わせる。また、イントロから頻出し、「あわれなアンドロイド」など歌メロでも顔を出すブルーノート（C）の音も、大人っぽいジャズ感を醸し出す。

作曲の関根安里は語る。

――「『TATTOO』は、夜中に映画『ベニイ・グッドマン物語』を観ていて生まれた世界観でした。1930年代の男女のカッコよさをジャングルビートで表現してみようと思って。アルマーニやベルサーチが流行っていたころの、グランドキャバレーのイメージですね。」（サイト「Smart FLASH」2022年11月23日）

さらに凝っているのは、スウィングジャズにもかかわらず、非常に人工的・機械的な演奏になっていることだ。また歌詞も「哀れなアンドロイド」「チープなレプリカント」などの言葉が効いている。意味はそれぞれ「アンドロイド＝人間型ロボット」「レプリカント＝人造人間」。

藤倉克己によれば映画『ブレードランナー』（82年）がヒントらしい。そういえば、88年当時『ブレードランナー』を契機とした「サイバーパンク」という世界観が流行り、雑誌などでよく見聞きした記憶がある。そんな世界観に合わせたのか、ボーカルも、今聴き直すと、かなり抑制的に歌われている——。

まとめると、この入れ墨（TATTOO）には裏表がある。

まずは、ボディコン、ミニスカ、『DESIRE－情熱－』以来のシンプルさ、歌謡曲感。対して、ハイブロウでトレンディな「サイバーパンク・ジャズ」な音世界。

中森明菜ファンは2つを、相乗効果をもって捉え、「明菜、相変わらずすげぇな」となったはずだ。反面、中森明菜を遠く感じ始めていた男子大学生は、ボディコン、ミニスカの残像だけに囚われ、「ネタ消費」してしまった……。

そう、「ネタ消費」。この本は基本的に、中森明菜の音楽をあらためて洞察する結果として、前者＝中森明菜ファンと重なる視点で、その魅力を描いていく方針だが、ここでは、後者の「ネタ消費」に対する応援演説もしたくなるのだ、自らもあのゼミ合宿に参加した者として。

ここで『TATTOO』がオリコン1位となった88年5月30日付のオリコン週間ランキング。

1位　中森明菜『TATTOO』
2位　酒井法子『1億のスマイル』

3位　渡辺美里『恋したっていいじゃない』
4位　田原俊彦『抱きしめて TONIGHT』
5位　浅香唯『C-Girl』
6位　渡辺美奈代『ちょっと Fallin' Love』
7位　TUBE『Beach Time』
8位　生稲晃子『麦わらでダンス』
9位　荻野目洋子『スターダスト・ドリーム』
10位　山下達郎『GET BACK IN LOVE』

問題は、中森明菜と（因縁の）山下達郎の間だ。どの曲がどうというよりも、全体的にバブルの夏に向かって、もう時代そのものが踊っているという感じの賑やかな曲が並んでいる。さらにいえば「ネタ消費」を求めているようなあの曲、この曲。

だからこそ「サイバーパンク・ジャズ」の『TATTOO』が光ったという話もあろうが、だからこそ、『TATTOO』すらも「ネタ消費」されてしまったという面もあると思う。

何が言いたいかというと、当時、この曲が世の中的にかなり響いていた気がするのにもかかわらず、売上が伸びていないのだ。売上枚数29・7万枚、前作『AL-MAUJ』と奇しくもまったく同じ。ちなみに中森明菜のシングルが30万枚を切ったのは、デビュー曲『スローモーション』以来のこと。

あれほどぴったりだった、中森明菜と時代との噛み合わせが、少しずつ狂い始めていたということなのかもしれない。中森明菜が、その最後を彩った昭和という時代。そんな昭和の最後の夏が来る。

Wonder

リリース　1988年6月1日
オリコン最高　2位
売上枚数　11・8万枚

ここまで見てきた中森明菜のアルバムの中で、最大の問題作といえるアルバム『不思議』（86年）の収録曲を再録音した作品。

先に見たようにアルバム『不思議』は、全体的にリバーブが異様に深く、またボーカルのミキシングが小さめだった結果、「歌が聴こえない。これは不良品ではないのか？」という購入者からの苦情が殺到したという問題作。

今回は、そんな「不思議」（さらにいえば「不気味」？）なサウンド処理が（かなり）取り除かれ、ぐっと聴きやすくなっている。聴き終わった後にやってくるのは「あの『不思議』に入っていたのは、こんな歌だったのか」という驚きと発見だ。

さて。ミニアルバム、計6曲の体裁となっているのだが、個人的には、前半3曲・後半

3曲で印象が微妙に異なった。

どちらかといえば、後半3曲＝『ガラスの心』『マリオネット』『Teen-age blue』は聴きやすく感じる。ここまで書いてきた「アーバン歌謡」の延長として位置付けられる音世界なので、「ザ・80年代後半中森明菜」という感じで、すっと入ってくる。

対して、前半3曲。「不思議」なサウンド処理を取り除いても、それでも「異物感」がある。具体的には「メロディが分かりにくい」「どこがサビかつかみにくい」、その結果として「あ、この曲はこういう曲ね」というパターン認識がしにくい曲なのだ。

平たく言い換えると「歌謡曲感」に乏しい（もちろん錦糸町のスナックでもかかりにくそう）。

ここで藤倉克己が打ち出した、中森明菜作品の3つのコンセプトを思い出す。「歌う兼高かおる」「歌謡曲の王道」「チャレンジ」。ここでは2つ目と3つ目に着目してみる。

「歌謡曲の王道」と「チャレンジ」――よく読むと、この2つは対立概念のようにも思えてくる。そして80年代後半の中森明菜は、この対立概念の間を、行ったり来たりしていたのではなかったか。

そして、このアルバムについても、前半3曲が「チャレンジ」寄りで、後半3曲が「歌謡曲の王道」寄りだと整理できる気がするのだ。

で、どちらのほうが耳にすっと入ってくるかと聞かれれば、先述のように後半3曲なのだが、今聴いて、どちらのほうが本質的に新しく、どちらのほうが本質的に魅力的かといわれたら、私は前半を選ぶ。

とりわけ3曲目の『不思議』(ここでは曲名を指す)の新しさ、逆にいうと、パターン認識のしにくさ、その結果としての何ともいえない美しさはどうだろう。

「歌謡曲の王道」と「チャレンジ」という対立概念があるとして、私が思うのは、80年代後半の中森明菜が追い求めていたものの本質は、後者寄りではなかったかということである。

さらにいえば、この『不思議』のような、歌謡曲的パターン認識を超えた新しい音楽、ひいては、少々大げさにいえば、独創的かつ抽象的な(純粋芸術ならぬ)「純粋音楽」への志向ではなかったか。

そして自身についても、単なる「歌手」を超えて、「純粋音楽」の中のひとつの楽器として、声をサウンド全体に溶け込ませるという「純粋音楽家」への志向だったのではないか。

言うまでもなく、そこに十分な市場があったとは言い難い。加えて音楽シーンは「純粋音楽」の対極としての、「固定的なファンに対してニーズを合目的的に満たす」より機能的な(光GENJI的)「機能音楽」に流れていく。そしてのちの「Jポップ」もいわば「機能ポップ」として消費されていく（それは今に続いている）。

そんな時代に対して、中森明菜は、「純粋音楽」に向けて、80年代中盤の挑戦、実験、やんちゃ、「ちょっと何やっているか分からない」的なあれこれを、きっちり再整理して、再提出したかったのではないか。それがアルバム『Wonder』の背景にあったのでは、と思うのだ。

皮肉なのは、そんな再整理・再提出が、さらに孤高性を高めていったように見えることなのだが――。

と考えると、例えば1曲目『Labyrinth』の歌い出し、つかみどころのない、調性すらはっきりしない、霧の中をさまよっているようなメロディが、急に愛おしく思えてくる。

あのさまよっている感じ、センス・オブ・ワンダーな「不思議」感こそ、対立概念の間を行き来しながら、未知の孤高世界へのらせん階段を一段一段上っていった、当時の中森明菜の心象風景ではなかっただろうか。

Femme Fatale

リリース　1988年8月3日
オリコン最高　2位
売上枚数　26・9万枚

88年の3枚の（ミニ）アルバムの共通点。それは、「過去の取り組みの再整理・再価値化」。『Stock』は過去のシングル候補曲をハードロック・アレンジ。『Wonder』はアルバム『不思議』（86年）の収録曲の再録音。そして今回は、洋楽への接近を迫った『Cross My Palm』の延長線上として、外国人音楽家が多数参加している作品。

先に書いたように、やや取り組み半ばな感じがした『Cross My Palm』に対して、中森明菜には「やり残した感」「今ならもっとうまく出来るかも感」もあったのではないか。

それにしても88年にアルバムを3枚も（それも実質半年間に！）。なんとワーカホリックなことだろう。レコード会社の商魂がたくましかったのだろうが、中森明菜自身に尋常ではない創作意欲がなければ、量産はあり得なかったはずだ。

さて、この『Femme Fatale』に参加した外国人音楽家の中で、もっとも目を引くのは、何といってもピーター・フランプトンだ。その名前は、LPの帯に明記されている(が、なぜか歌詞カードには書かれていない)。76年にアルバム『フランプトン・カムズ・アライヴ!』を世界的に大ヒットさせ、日本でも大人気になった美形ギタリスト。話題作りの意味もあったことだろう。

しかし、アルバムのコンセプトは、「往年の人気ギタリスト」ピーター・フランプトンとはほぼ無関係に「ダンサブル」というもの。帯のコピーは「TAKE UP A NEW FASHION!! ダンサブルでビート感溢れる13th Album.」と書かれている(今見ると、なんとも時代がかっている)。

確かに、アルバムを全体的に聴いて思い出すのが、翌9月リリースの久保田利伸の大ヒットアルバム『Such A Funky Thang!』だ(ちなみに久保田は先に見たように『清教徒(アーミッシュ)』を提供している)。中森明菜とそのスタッフの時代を見る目は狂っていないということだろう。

全曲、外国人音楽家の作品だった『Cross My Palm』に対して、今回、作詞は全曲日本人(当然日本語)、作曲も10曲中4曲が日本人と、外国人一辺倒にならぬようバランスを取っている。このあたりは『Cross My Palm』の経験から学んだバランス感覚だろう。

また「ダンサブル」というコンセプトにもバランス感覚が働いていて、「久保田利伸み」一辺倒ではなく、よりシンプルなロックチューンが交じっている。

そして、令和の今聴けば、コンセプチュアルな「洋楽明菜」「ダンサブル明菜」より、テンポの速いロックチューンのほうが印象に残る。例えば#5『I Know 孤独のせい』や、#8『Paradise Lost (Love Is In Fashion)』など。中でも、このアルバムのピークとなるのが、#6『La Liberté』である。アルバムを超えて、この時期の中森明菜のピークといってもいいかもしれない上質な出来。作曲はジョーイ・カーボーン。この人は、アメリカ人でありながら、日本の音楽界と関係が深い人で、象徴的な例を挙げれば、プロデューサー&作者として、84年にソニーのCMソング『オーバーナイト・サクセス』をヒットさせている（シングルのクレジットは「カルボーン&ズィトー　フューチャリング　テリー・デザリオ」）。

つまりは「日本人好みのサウンドを熟知している外国人音楽家」だったのだろう。そのセンスによる、「洋楽明菜」「ダンサブル明菜」へのバランス感覚が、ここでは活きていると見る。

さらにこの曲では、中森明菜のボーカルも「ダンスミュージックやってみました」ではなく、「洋楽」「ダンスミュージック」を自分の領分に引き寄せている感じがする。いわば「洋楽明菜」「ダンサブル明菜」ではなく「明菜洋楽」「明菜ダンサブル」として聴こえてくる（なおイントロは中山美穂『Rosa』を想起させるが、同曲のリリースは91年）。

このアルバム、とりわけ『La Liberté』は、ひとつの到達点といえるだろう。当時まだ敷居が高かった洋楽、ダンスミュージックに間借りするのではなく、きっちりと明菜の側に引き寄せたという点において。そして、その結果として、洋楽ダンスミュージック、ロック、そして歌謡曲のど真ん中、中点に旗を立てたという点において。

さらにいえば、藤倉克己の言う「歌謡曲の王道」と「チャレンジ」を対立概念ではなく、融合・止揚させた点において——。

クオリティがなだらかに上がってきたので、当時、はっきりと気付かなかった人も多かったかもしれないが、88年の『Stock』『Wonder』『Femme Fatale』のこの3枚、とりわけ『Wonder』の『不思議』（曲）や『La Liberté』は、日本ポップス史に残る水準にあると思った。

しかし事実なので、指摘しておかなければならない。こんなに迫力のあるアルバムの売上枚数が26・9万枚に留まったことを。『Stock』が39・6万枚＝約40万枚売り上げたにもかかわらずである。

繰り返すが、中森明菜とそのスタッフの時代を見る目は狂っていない。しかしその正確な分析眼を超えるほどに、何かが変わり始めていたのだ。

#23

I MISSED "THE SHOCK"

作詞　QUMICO FUCCI
作曲　QUMICO FUCCI
編曲　EUROX
リリース　1988年11月1日
オリコン最高　3位
売上枚数　31・1万枚

「昭和の中森明菜」をガラガラポンして総決算した1曲

84年の『サザン・ウインド』から『TATTOO』まで、15作連続で獲得し続けたオリコン1位が、ここで途切れる。最高3位。

この曲が3位となった、88年11月14日付のオリコンランキング。

1位　長渕剛『とんぼ』
2位　浅香唯『Melody』
3位　中森明菜『I MISSED "THE SHOCK"』

4位　小泉今日子『快盗ルビイ』
5位　光ＧＥＮＪＩ『剣の舞』

長渕剛『とんぼ』は別格、別レイヤーとして、多面的な個性を見せながら、しぶとく生き抜いてきた82年組のツートップ＝中森明菜と小泉今日子を、浅香唯・光ＧＥＮＪＩという新興勢力が挟んでいる格好。

さて私は、この『I MISSED "THE SHOCK"』を、当時から漠然と好みの曲としてカウントしてきたが、中森明菜のシングルとアルバムを、デビューから順を追って聴いてきた後（つまりは本稿執筆時）にあらためて聴くと、印象はかなり変わる。評価は跳ね上がる。

要するに、アルバム『Stock』『Wonder』『Femme Fatale』を受け継ぎ、かつ総決算する到達点としての1曲として聴こえてくるのだ。

実はカップリングの『BILITIS』も秀作で、中森明菜のふっきれたようなパワーボーカルが炸裂している。それでもA面はこっちだろう。こっちじゃなきゃいけない。

中森明菜も、この曲をA面にするよう強く主張したという。ただその理由は、楽曲そのものというよりも、ファッションデザイナーの甲賀真理子という人の手掛けた衣装を広告で見て、そのイメージとセットで、この曲の魅力を主張したというのだが。

楽曲の魅力をひとことでいえば、その傑出した「ガラガラポン感」。

イントロはYMO的な（それもアルバム『BGM』あたりの）テクノポップサウンドから始まり、続いてそこに民族風なメロディが乗る。

歌い出しAメロは、ロシア民謡『一週間』にどこか似た人懐っこいメロディ。続くBメロはサビへのブリッジではなく、「I MISSED "THE SHOCK"」と来るサビそのものというシンプルな構成。

Aメロ↓Bメロ↓Aメロ↓Bメロと来て、大サビ（Cメロ）を挟んでBメロを繰り返す。ここでの「WOO（I MISSED "THE SHOCK SHOCK"）」の高音の伸びが実に素晴らしい。全体的に『TATTOO』に続いて、編曲のEUROXがいい仕事をしている。

シンプルな構成だが、何というか「大作感」を感じさせる。しかし、ここで注目するのは「大作感」を超えた、先述の「ガラガラポン感」だ。『Stock』『Wonder』『Femme Fatale』をガラガラポン、さらには「歌う兼高かおる」「歌謡曲の王道」「チャレンジ」をガラガラポンして出てきた曲という感じ。

いろいろあったあれやこれやを、全部ガラガラポン。圧縮・濃縮・ガラガラポン――。

だから、この年のNHK紅白歌合戦で、中森明菜が『TATTOO』ではなく、この曲を歌うことを熱望したというのも、よく分かる。

このサウンドを前にして、オリコン順位など些末な問題だし（そもそも、紅白の影響もあり、翌89年にシングルがまた売れて、結果、売上枚数的には『TATTOO』を超えた）、また小室哲哉の言語感覚を先取りしたようなタイトルの意味不明英語もまた、些末な問題だろう。

中森明菜、昭和最後のシングルは、「昭和の中森明菜」の総括シングルだった。そして紅白の8日後、いよいよ昭和が終わり、平成がやってくる。

#24

LIAR

作詞　白峰美津子
作曲　和泉一弥
編曲　西平彰
リリース　1989年4月25日
オリコン最高　1位
売上枚数　27・5万枚

ピークは続く。そして『SOLITUDE』からの長い旅が完結

平成がやってきた。中森明菜が激動の中で翻弄される平成元年がやってきた。それでも本書では、音楽以外の話題は最小限に留めたい。ここは書き手としても腕の見せどころ、踏ん張りどころだと思っている。

激動が待ち伏せることなど知らなかったように、楽曲としてオリコン1位に復帰。しかし27・5万枚という数字は、同じく1位でも、例えば60万枚を超えた『十戒（1984）』『飾りじゃないのよ涙は』『ミ・アモーレ』などの往時と比べて、かなり食い足りないということを指摘しなければならない。

首位に立ったのは、平成最初のゴールデンウィーク直後＝5月8日付ランキング。2位は矢沢永吉『SOMEBODY'S NIGHT』。しかし、中森明菜が憧れ続けた矢沢は、もうワーナー・パイオニアから離脱し、東芝ＥＭＩに移籍している。

しかし音楽的には、前作に続いて、「昭和の中森明菜」の総括、総決算という感じ。ピークが続いている。掛け値なしに素晴らしいといえる。正直、デビューシングルから順繰りに聴いてきたことが加点していると思う。逆にいえば、とびきり甘美な「総決算感」を味わうだけのために、デビューシングルから順繰りに聴いてみることをおすすめしたい。

細かく見れば、前作『I MISSED "THE SHOCK"』に比べて、より歌謡曲的だといえる。音楽的には全体的にキャッチーだし（特にサビ）、さらに、そのサビの歌詞「ただ泣けばいいと思う女と　貴方には見られたくないわ」（でも）「次の朝は一人目覚める　愛は悪い夢ね」という、やや孤独な歌詞世界は、中森明菜ファン（特に女性）には感情移入・自己投影しやすいものだったはずだ。

しかし、サウンドが「いかにもな歌謡曲」になるのを食い止める。

まずイントロでは、5小節目から激しく派手に動くピアノ（のような音）、とりわけ後半の三連符連打が聴き手の気持ちをいきなり揺さぶってくる。

続くＡメロにおける中森明菜の低音域発声も安定的（最低音＝Ｆ♯）で、ボーカリストとしての進化を感じさせる。またキャッチーなサビ＝「ただ泣けばいいと〜」からのメロディの歌い方はもう「ザ・中森明菜ボーカル」の完成形だろう。

注目したいのは、「Ah　霧のように」のコード（＝【Fmaj7】）。ポーンと時空に投げ出されるような響きがする。投げ出される時空とは、「霧のように　行方も残さず　貴方が消え」た場所、つまり平成元年、バブルの真っ盛りで夜も眠らない24時間都市＝東京の夜空の中だ。そして東京の象徴としての名詞「ビル」が登場してから、歌詞も急旋回。「いかにもな歌謡曲的な女」が「アーバンな女性」に変わっていく。「もう貴方だけに　縛られないわ　蒼ざめた孤独選んでも」、そして「次の朝は一人目覚める　それが自由なのね」——。

そう、これらの音楽的展開は、ここまで本書でくどくどと述べてきた「アーバン性」、そして「歌謡曲性」をも手繰り寄せた。元々は『SOLITUDE』で提示された「アーバン性」が、「歌謡曲性」もしっかりと吸収した結果として、「アーバン歌謡」がここに確立した。

そしてそれは「歌う兼高かおる」「歌謡曲の王道」「チャレンジ」が総決算した結果でもある——。

中森明菜が東京の夜に降り立った『SOLITUDE』からの長い旅がここに完結する。「SOLITUDE」＝「積極的な孤独」から行き着いたのは、「自由」だったのか、もしくは「悪い夢」だったのか。その判断は、読者に委ねたい。

CRUISE

リリース　1989年7月25日
オリコン最高　1位
（GOLD CD版　4位）
売上枚数　32・7万枚
（GOLD CD版　7・6万枚）

7月11日に起きた「事件」の直後に発売されている。売上枚数としては、（後述「GOLD CD」版を足して）約40万枚。『Femme Fatale』の26・9万枚を大きく上回る。事件の波及効果（一種の「応援消費」）の影響も大きかっただろう。

本アルバムで特筆すべきは「メディアミックス」（当時流行った言葉）。まず商品としては、LPとカセットとCDという従来路線に加えてGOLD CD（ディスクが金でコーティングされたCD。見た目の豪華さに加え、保存性も売りだったという）を加えた4形態。ちなみにGOLD CD版の価格は3800円とお高い。

加えて、何といっても『CRUISE』中森明菜ファッション・ブック」が発売されたことに驚く（定価2000円　発行・発売：ほんの木）。CD封入チラシには「ファッション70

点。明菜が初めて語ったおしゃれ哲学や小物、ビューティ・テクニック、ヘアメイクなど内容満載」「ニューヨーク、パリ、ロンドン、東京で熱写」とある。いわゆるファッション雑誌を模したコンセプトブックだ（なお、アルバム『Cross my palm』にも連動して発売された同名写真集があったことを付記する。版元も同じく「ほんの木」）。

目次から、大きな級数の文字を拾うと、こんな感じ。

- NEW YORK　ニューヨークがおしゃれ感覚を刺激する
- PARIS　イルミネーションに誘われて／わたしのパリ物語／今宵のひととき／パリ、ここで撮りました
- TOKYO　やわらかな旋律（メロディー）
- LONDON　ノスタルジック・メモリー

そして中森明菜は、この本の「編集長」としてクレジットされているのだ。つまり、歌手から始まって、楽曲、サウンドトータル、衣装、ダンス、そして最終的に「中森明菜」というメディアミックス・プロジェクトを統括するまでに、本人のプロデュース志向が行き着いたということになる。

さて、アルバム全体としては、その「メディアミックス」感自体がコンセプトといえ、逆に楽曲自体は、正直やや散漫な感じがするのだが、ポジティブに言い換えると、『Stock』『Wonder』『Femme Fatale』において、パッツンパッツンに盛り上がった肩の力が、いい意味で抜け切って聴きやすい。バラエティ感もある。

「『CRUISE』中森明菜ファッション・ブック」の目次にもこう書かれている。

――中森明菜のニューアルバム「クルーズCRUISE」は、軽く包み込むような心地よいサウンドで構成されたニューヨークの香りが漂う、高品質のアルバムです。車でのドライブもクルージングの一種、夏のイメージにもフィットする素晴しい仕上りで大評判のサウンドは、おしゃれなあなたにピッタリ。

個人的には、過去の「総括」というより過去に「回帰」した感のある前半5曲（～『乱火』。LPでいうA面）よりも、後半（B面）のほうを興味深く聴いた。

後半をあえてタイトル付けすれば「J-WAVE明菜」。J-WAVE――前年88年開局、89年の東京を「おしゃれ」なイメージで席巻したFM局。流れていたのは洋楽。それも「おしゃれ洋楽」――AOR、アダルト（ブラック）・コンテンポラリーなどと呼ばれたしっとりと洒落た音楽が中心。

『Femme Fatale』の「洋楽明菜」「ダンサブル明菜」ではなく、「おしゃれ洋楽明菜」＝「J-WAVE 明菜」という感じが『CRUISE』の後半には漂っていて、その額面通りの「軽く包み込むような心地よいサウンド」が、世代的にも懐かしく、聴きやすかった。

特に「作曲：Osny S. Melo、編曲：中村哲」による『Close Your Eyes』（シャーデー『スムース・オペレーター』の明菜版という趣き）『Standing In Blue』『SINGER』の3曲は、先のファッショナブルな「メディアミックス」感を直接的に体現している。

本書としては最後に取り上げるアルバムとなる。これまで見てきたように、80年代中森明菜のアルバムは、多様な作家、多様な楽曲、多様なコンセプト……とにかく「情報量」が多かったのだが、この「メディアミックス」「J-WAVE 明菜」なアルバムもまたしかり。

その途方もない情報量、熱量は、日本音楽シーンの中で、明らかに傑出した巨大さを現す。安易な矮小化・神格化を避けて、縦・横・奥行きを正確に測定されなければいけないと思う。そう考えながら、80年代中森明菜のアルバムを追う長い長い「CRUISE」を終えたい。

最後に「『CRUISE』中森明菜ファッション・ブック」より。まずスタイリスト東野邦子のコメント。

――でも、そんなナカモリに、親友としてアドバイスしたいことがあります。それは、今まで本当に頑張って、ここまでやって来た…すごく勉強してきたし、アイディアもいっぱい出して来たと思うの。でも、人間だれしも限界があるから、これから先、ナカモリのアイディアをさらに生かしてくれ、ナカモリの力になってくれる人をそばにおいて、今以上に伸びていってほしいってこと。

そして最後は「編集長」のこのコメント。

――ある時は企画、編集者になり、ある時はスタイリスト、ヘアメークを担当。また全体を通してはモデルとして、約半年間、このファッション・ブックを作ってきました。私のメッセージを言葉で表現するより、一枚でも多くの写真から感じていただければ、と願って自分なりにベストを尽くしてやりぬきました。（中略）この7月13日で、24歳。24歳の私をこの本から皆さまなりに感じとっていただけたら、とてもうれしく思います。

もう24歳、いやまだ24歳、たった24歳になる日のたった2日前に起きた出来事が、すべてを変えた――。

第五期〈総括〉

1990-1991

#25 Dear Friend

作詞　伊東真由美
作曲　和泉一弥
編曲　和泉一弥
リリース　1990年7月17日
オリコン最高　1位
売上枚数　54・8万枚

「シン・中森明菜」への変化に対するジレンマを生む特別な「大ヒット」

売上枚数が50万枚を超えた。『DESIRE－情熱－』（86年）以来のことだ。特別なシングルである。前作から1年2カ月のブランクがある。言うまでもなく「事件」があったからなのだが、結果「シン・中森明菜」への脱皮を強く意識させる作りになっている。

この曲に関して、サイト「zakzak」の連載「歌姫伝説　中森明菜の軌跡と奇跡」（筆者は『中森明菜の真実』と同じ渡邉裕二）は細かく情報を掲載している。まとめると、

（1）中森明菜の要望＝「とにかく、明るくって元気の出る曲にしてほしい」。
（2）それを受けて和泉一弥の書き上げた楽曲が、明菜の作品としては異例のメジャーコードだった（註：シングルとしては初）。
（3）バハマ諸島の一角、エルーセラ島にあるピンクサンドビーチでプロモーションビデオ（PV）を撮影（Warner Music Japan 公式ユーチューブチャンネルで視聴可能）。
（4）中森明菜を愛する「夜の仕事をする若い女性」からの有線放送リクエストがヒットを後押しした。

（4）に関して、感覚的にはよく分かる。事件を受けた、このような「応援消費」が大ヒットを促進したというのは。

33年前に撮影されたPVを見る。日焼けした姿で、珍しく笑顔で弾けている中森明菜はキュートだ。キュートだけれども、よく見ると痩せているし、笑顔と快活な動きに不自然さを感じてしまう。儚さ・危うさと表裏一体のキュートさというか。

当時ファンだった女性に聞いても「もちろん、帰ってきてくれた喜びはあったけど、ちょっと無理している感じがして、心配になった」と異口同音に語る。

楽曲自体においても、中森明菜のボーカルは決して全盛期と変わることなく、メジャーキーのシャッフルに乗って、中域で朗々と響きわたるのだが、しかしさすがに「Uh!」「Hey!」「Come on!」「For You!」というシャウトのあたりは、やはり不自然に感じてしまう。

余計なことを考えてしまうのは、もちろん「事件」の印象がそうさせるのだが、それ以前に、これまで散々、陰鬱で孤独で、キレッキレに研ぎ澄まされた「アーバン・マイナー」楽曲を聴き続けていたのだ。意識転換は正直、そんなに簡単ではない。

さて細かい話だが、この曲、コード進行が実に凝っている。キーはAで、結論からいえば一度も転調しないのだが、しかし「転調するぞ」という雰囲気を何度も漂わせる。いわば「転調するぞするぞ詐欺」だ（「部分転調」を繰り返すともいえる）。

たぶん誰も（【Em7】→【A7】：キーDに転調しかける）
（かがや）きをー（【F/G】：キーCに転調しかける）
Dream そう（よー）（【E】：キーEに転調しかける）
Uh- You make me（smile again）（【Dm7】→【G】：キーCに転調しかける）

しかし（本格的な）転調はしない。私が入手した楽譜では最後まで、ト音記号の横に♯が3つだ（キーがずっとAの意味）。音楽理論的に細かな話はともかく、転調、要するに、曲調の変化が来そうで来そうで、でも来ないという曲なのだ。

もし作曲者が（のちにコラボする）小室哲哉だったら、『My Revolution』（86年）のような大胆な転調を入れて、もっとラディカルな仕上りにしただろう（ちなみに『Dear Friend』のAメロのコード進行は『My Revolution』と同じ）。

まるで「シン・中森明菜」への変化を求めながらも、すぐにはその変化を受け入れられないという中森明菜自身の心理の揺らぎとシンクロしているようなコード進行——。

そんなジレンマが、次のシングルによって、一気に埋め合わせされる。その傑作は、本書のピークとなる。

#26
水に挿した花

作詞　只野菜摘
作曲　広谷順子
編曲　西平彰
リリース　1990年11月6日
オリコン最高　1位
売上枚数　34・0万枚

危うく、儚く、美しい純粋音楽による80年代中森明菜の総括

80年代中森明菜が繰り広げた数々の挑戦・実験の中で、もっともラディカルかつ本質的なものは「純粋音楽」の追求ではなかったか。「純粋音楽」とは、アルバム『Wonder』の項で用いた概念である。3曲目の『不思議』について私はこう書いた。

――さらにいえば、この『不思議』のような、歌謡曲的パターン認識を超えた新しい音楽、ひいては、少々大げさにいえば、独創的かつ抽象的な（純粋芸術ならぬ）「純粋音楽」への志向ではなかったか。そして自身についても、単なる「歌手」を超えて、

「純粋音楽」の中のひとつの楽器として、声をサウンド全体に溶け込ませるという「純粋音楽家」への志向だったのではないか。

純粋音楽の対義語は「大衆音楽」となる。ここでは「歌謡曲」と言い切ってもよい。「大衆音楽」は聴き手のニーズを具現化する音楽だ。「可愛い！」「きれい！」「セクシー！」「かっこいい！」「盛り上がれる！」「踊れる！」、ごくたまに「メッセージを感じる！」。アルバム『Wonder』の項で書いた「機能音楽」である。

そして「大衆音楽」は、その方法論として「ボーカル・ミュージック」を採用する。聴き手のニーズをもっとも明快に具現化するツールとしての「歌」「声」「詞」が真ん中にある音楽。

という「大衆音楽」とは根本的に異なる、純粋音楽の真新しい地平へと向かう、中森明菜の長い旅——。

ここまで述べてきた、中森明菜の「アーバン（歌謡・唱法）」志向も、その先には、機能音楽から離れた純粋音楽への志向があったと見る。また、ポイントポイントで高まる「洋楽志向」も、邦楽（歌謡曲）より洋楽、そしてその先に純粋音楽が置かれていたような気がする。

さて、この『水に挿した花』は、先のアルバム『Wonder』収録『不思議』を超えて、中森明菜の純粋音楽の頂点に君臨する。ということは、つまり「80年代中森明菜」の本質的な総括となる。

ここまで何度となく中森明菜の目標的存在として持ち出してきた沢田研二、そのバックバンド「エキゾティクス」のメンバーだった西平彰による、シンプルなアレンジによる三拍子は、舞踊音楽としてのワルツというより、エリック・サティ『ジムノペディ』第1番（1888年）を想起させる（余談だが、イントロからは、85年の安全地帯『碧い瞳のエリス』も想起）。

そんなサウンドが、中森明菜のボーカルと溶け合って、純粋音楽の世界を描き出す。その世界は一見危うい、儚い、でも、ではなく、だからこそ美しい。鋭く切り立った花瓶のガラス破片の上に、ひとつ間違えば傷だらけになるようなバランスで、揺らぎながら立っているような危うさ、儚さ、美しさ――。

歌詞は一見、「事件」や独立そのほか、当時の彼女を危うくさせたあれこれを、あからさまに表しているように読み取れる（各自味わっていただきたい）。しかし同時に、かすかな光をも描き出す。

「かつて愛された日を　もう一度とり戻せるわ」

ここで多くの聴き手は、幾分救われたような気になるのではないか。また、このフレーズにあたるメロディとコードは、一種奇跡という感じのもので、楽曲としての音楽的ピークでもあると考える。

【F♯m7】かつ【B7】てあい【Em7】されたひを【Em7/D】もうい【C♯m7-5】ちど【F♯7】とりもど【B7】せるわ

特に「【B7】てあい」と「【F♯7】とりもど」の危うさ、儚さ、それゆえの美しさはどうだろう。「サビ前の劇的なメロディ／コード進行」で思い出すのは、個人的には、松田聖子『ガラスの林檎』だ。

【B♭】めを【G/B】とじて【C】－【A/C♯】あな【Dm】たの【Dm/C】うで【B♭M7】のなか

ベース音がB♭→B→C→C♯→Dと半音ずつ上がっていくところに、ベーシスト出身・細野晴臣の繊細な感覚が存分に活きている。ここはアルバム『不思議』の項で持ち出した、ビーチ・ボーイズのブライアン・ウィルソンのテイストを感じる。

しかし、「かつて愛された日を　もう一度とり戻せるわ」はこの部分と張るのではないか。驚くべきは、ソングライターチームが、誰もが知る「松本隆・細野晴臣」ではなく、「只野菜摘・広谷順子」という新進気鋭のチームだったということ。これもひとつの奇跡だろう。

サイト「zakzak」（２０２２年12月10日）に掲載された藤倉克己発言。

――只野さんと広谷さんは、確か『SAND BEIGE ～砂漠へ～』など、過去に何曲も明菜作品の作詞をしてくれた許瑛子さんと同じ事務所だったのです。そこには、『TATTOO』の曲を書いてくれた関根安里さんも所属していたのですが…。許さんが『明菜の新しいアルバムにどうか』とデモ・テープを持ち込んできたのです。確か10曲前後収録されていましたが、許さんは『明菜を元気づけたい』と。テープを聴くと、もう完璧な仕上がりでした。歌も仮歌が入っていたのですが、とにかくクオリティーが高かった。

中森明菜を元気づけるというモチベーションは『Dear Friend』と共通だったろう。ただ、そのためにメジャーキーのシャッフルではなく、むしろ明菜の内面を捉えて、吐き出させるような歌詞とメロディを与えたこと、そしてそれを中森明菜が選んだこと。奇跡に奇跡が重なり合う。大衆のニーズを具現化する大衆音楽ではなく、自らの内面を浄化（カタルシス）する純粋音楽へ――。

1990年11月19日付オリコン週間ランキング。初登場1位。現在のところ、中森明菜最後の1位。

1位 中森明菜『水に挿した花』
2位 辛島美登里『サイレント・イヴ』
3位 光GENJI『笑ってよ』
4位 永井真理子『ZUTTO』
5位 中山美穂『愛してるっていわない！』
6位 PINK SAPPHIRE『抱きしめたい』
7位 B'z『愛しい人よ Good Night…』
8位 B'z『Easy Come, Easy Go!』

9位　堀内孝雄『恋唄綴り』
10位　LINDBERG『ROUGH DIAMOND』

デビュー時とはまったく変わってしまったシーンの中で、ランキングのトップに君臨する彼女の名前を見て、私はあの言葉を思い出す――「SOLITUDE＝積極的な孤独」。

最後に。91年、幕張メッセで行われた中森明菜のコンサート『〜夢〜'91 AKINA NAKAMORI Special Live』のアンコールでこの曲を歌うのだが、先の「かつて愛された日を　もう一度とり戻せるわ」を歌い終えた後のサビで、感極まったように涙を流す。

中森明菜が純粋音楽によって浄化される瞬間――80年代中森明菜の総括。

「花瓶の花がしおれそうで気にかかるの　孤独で水に挿すことさえ忘れていた」

歌手、いや純粋音楽家としての中森明菜の感性という花に、十分に水が挿され、溢れ出たのがこのときの涙ではなかったか。

#27

二人静―「天河伝説殺人事件」より
忘れて…

『二人静―「天河伝説殺人事件」より』
作詞　松本隆／作曲　関口誠人
編曲　井上鑑
『忘れて…』
作詞　中森明菜／作曲　羽佐間健二
編曲　小野沢篤
リリース　1991年3月25日
オリコン最高　3位
売上枚数　48.4万枚

「別の物語」と「元の物語」の間に生まれた1枚

カップリングの『忘れて…』も含めて記述する。

本書で取り上げる最後のシングルは、ワーナー・パイオニアから発売される中森明菜のシングルとしても最後になった（そのワーナー・パイオニアもこの年、「株式会社ワーナーミュージック・ジャパン」に社名変更）。また、中森明菜激動の時代をともに駆け抜けた藤倉克己ももういない。

代わる制作のキーパーソンは川原伸司、別名・平井夏美。松田聖子『瑠璃色の地球』、井上陽水『少年時代』を手掛けた作曲家だ。以下、彼の自著『ジョージ・マーティンになりたくて～プロデューサー川原伸司、素顔の仕事録』（シンコーミュージック・エンタテイメント）より。

当時川原伸司は、レコード会社・ビクターの社員で「アイドル部門の制作課長」（担当は荻野目洋子・酒井法子など）。また彼は、松本隆と知り合いで、松本作詞、元C－C－Bの関口誠人が作曲した『天河伝説殺人事件』という映画の主題歌を聴いて「この曲って中森明菜にすごく合うよね」となり、松本も同調、さらには明菜自身も、楽曲をとても気に入ったこともあり、レコード会社の壁を越えて、川原が参画することになったという。

なお松本隆は、ライバル的存在だった松田聖子に楽曲提供しているという理由で、デビュー直後の明菜プロジェクトへの参画を断った経緯があったらしい。ここで松本と明菜が、ようやっと出会えたことになる。

そしてこの曲の後、川原伸司はレコード会社・ＭＣＡビクター（当時）に移籍し、ワーナーから同じくＭＣＡビクターに移籍した中森明菜の担当となり、アルバム『歌姫』シリーズを手掛けることになる。

さて、『二人静』のレコーディングについての格別なエピソードを同書より。

――スタジオで明菜さんに「じゃあ唄ってください」と伝えたら、「いまから3通り唄いますから、どの唄い方が好きか決めてください」……「やるな」と思いましたね。

対して、作詞家の松本隆が負けじと、「今のは全部いいけど、もう1テイクだけ、桜吹雪の中にいるような幻想的なイメージで唄って」と要求、中森明菜はさらにいいテイクを残したという。もう「名人は名人を知る」という世界だ。

ここまでさんざん見てきたように、中森明菜は、外的な刺激を自分の養分にする「光合成」がとてもうまい。結果、『二人静』での歌唱は、少なくとも安定感という意味では、これまでの中で最高水準。プロフェッショナリズムを強く感じさせるものである。

事務所のゴタゴタなどで落ち着かない中、松本隆からの刺激がよかったのだろう。川原伸司の存在も心理的に大きかったのではないか。

ただし。正直いって、『水に挿した花』で極まった、あの危うい美しさからは遠く離れた別世界だ。まったく別のジャンル、まったく別の物語になっている。

東洋風イントロからは「歌う兼高かおる」を想起したし、「夜桜」という歌詞からは、ジャパネスクを経由して『DESIRE－情熱－』の衣装＝「ニューキモノ」を想起したが、それでもやっぱり別の物語だ。

しかし、『二人静』とカップリング『忘れて…』を通して聴くと、中森明菜の揺れ動く気持ちが描き出される。

『忘れて…』はなんと自身の作詞、作曲は川原伸司（「羽佐間健二」名義。ビートルズ『エリナー・リグビー』の「Father McKenzie」が由来だろう。音読されたい）。

「彼との思い出」を「忘れたくて」、「新しい水着」を「買ったのに」……と、中森明菜自身の作詞は、私小説風になり、別の新しい物語に向かおうとした聴き手の腕を掴んで引き戻すような歌に感じる。

つまり、この1枚は、「別の物語」と「元の物語」とのジレンマの中にある。果たして、90年代の中森明菜はどこへ行くのか。


ただひとつだけ、手掛かりがあった。

『水に挿した花』の項で紹介したコンサート『〜夢〜 '91 AKINA NAKAMORI Special Live』のアンコールで、『水に挿した花』の次、コンサートのラスト曲として、また感極まりながら、この曲を歌うのだが、最後に特別な歌詞が継ぎ足されていたのだ。

今日はこれでさよならだけど
あとひとつだけ　聞いてほしい
色んな事　心配かけて
心から　ゆるしてほしい
このステージに立つ昨日まで
夢の中では　不安ばかり
そんな私が今　浴びてるのは
あたたかな瞳(かぜ)…　皆の笑顔

忘れないで　忘れないで
皆へのこの想い　変わらない

みつめていて　みつめていて
明日からも　今までの　私でいるから…

「別の物語」と「元の物語」の間で、これからどう揺れ動き続けるのかは分からないけれど、自分の音楽を愛してくれているファンへの思いだけは変わらない。これまでもこれからも——。それが唯一の確かなこと。私にとって唯一の確かな「真の物語」。

さぁ、90年代以降の中森明菜は、ここからどんな音楽活動へと向かっていくのか。それは本書で、ここまで綴ってきた物語とは別の物語に譲る。読者の皆さん自身でたどっていってほしい。

終章

「中森明菜の音楽」とは何だったのか

中森明菜と「情報量」

振り返ってまず思うのは、80年代中森明菜による活動の幅の広さだ。本文中の言葉を使えば、なんと「情報量」の多い活動ヒストリーだったか。

皮切りは『北ウイング』の作家陣とタイトル決めに自らが関与したあたりだろう。そして彼女は、音楽制作の核心へとどんどん迫っていく。コンセプトから選曲、ボーカルのミキシングに至るまで。そして、ファッションやダンスなど、音楽にまつわる幅広いアート領域にまで拡張（『TANGO NOIR』の項で書いた「総合芸術」）、最終的には「『CRUISE』中森明菜ファッション・ブック」の編集長にまで就任してしまう。

「自分の表現にまつわるすべてをトータルでプロデュースしたい」という、中森明菜の心の中で燃え続けたモチベーションは十分に満たされ、ビジネス的にもしっかりと結果を残した。

こんな「アイドル」が、日本の音楽史上にかつていただろうか。

もし、対抗馬が差し込まれるとすれば、同期デビューの小泉今日子だろう。事実彼女は現在、プロデュース領域を本業として活動している。しかし、その心持ちは、中森明菜とは根本的に異なる。

――「ただ、もともと自分は、子どもの頃に歌手に憧れてオーディションを受けたら受かっちゃったみたいな感じで、歌唱力もないし演技もぜんぜん上手くないし、本当に夢をもってこの世界に入ってきた人たちに敵うわけがないと思っていたんです。絶対的な能力を持っていない感覚はあって、だったら私が見たい理想の女の子像をプロデュースしようと思ったのが、アイドル時代の私なんです。それをやっているうちに、板についたっていう。」（サイト「HUFFPOST」２０２０年９月２日）

「歌唱力もないし演技もぜんぜん上手くない」ことから、「私が見たい理想の女の子像」に自分を見せていくプロデュース志向。これを仮に、外に向かっていく「遠心力プロデュース」とするならば、中森明菜は「求心力プロデュース」だ。

つまり、小泉今日子の発言にある「本当に夢をもってこの世界に入ってきた人」としての明菜が、最終的に自らの思い描く音楽に還元される前提で、あらゆる領域を完璧に作り上げていくという意味での。

なぜ、そんな挑戦が可能だったのか。なぜそんな冒険に成功し続けたのか。

先にネガティブなことをいえば、まずは環境が脆弱だったということがあると思う。アイドルビジネスに不慣れなレコード会社、事務所の所属だった結果、周囲は手取り足取り助けてくれない、「情報量」の多い活動を、自ら背負わなければいけなかったという事情があったと思う。

そんな孤高の挑戦が軌道に乗り始めると、脆弱な環境は、中森明菜にさらに多くを任せざるを得なくなり、また、明菜はさらに野心を燃やし、それがさらなる成功を生み出すという、奇跡的な好循環が生まれた。あの独創的過ぎるアルバム『不思議』ですら、オリコン最高1位を獲得、22・7万枚（ＬＰ）を売り切ったのだから。弱冠21歳のときの作品にもかかわらず、である。

もちろん、その前提として、中森明菜自身が「求心力プロデュース」を可能にする能力とセンスを持っていたことがある。やろうと思っても、誰もができることではない。自らが指し示した方向性を、最終的に自らの歌声でフィニッシュできる才能を持っていたからこその「情報量」だったと考える。

しかし、もっとも大きな理由は、絶えずファンの期待に応えたい、応え続けたいというプロフェッショナリズムによるものだったのではなかったか。より具体的には、「ファンの期待を100点満点に充足する」を超えて、「期待を超えた新しさとかっこよさで120点を叩き出し続ける」ことを、自らに課すプロフェッショナリズム――。

もちろん、そんなハイテンションの取り組みは、永遠に続くわけではなかった。本書後半でも触れているように、中森明菜の「情報量」と世間は、少しずつずれ始めていった。

しかしそれでも、昭和の終わりから平成の始まりまでの10年間に、一人の少女が、孤立無援のマウンドに立ち続け、圧倒的なストレートと、めくるめく変化球を投じ続け、世の中というバッターをなぎ倒していった――80年代中森明菜の音楽を語る上で、まず確認するべきは、この軌跡と奇跡だと考える。

中森明菜と「明菜ロングトーン」

しつこく書いてきたように、中森明菜ボーカルの魅力の核心は「明菜ロングトーン」にほかならない。

本書で取り上げたシングルでいえば『1/2の神話』『禁区』『北ウイング』『十戒(1984)』『ミ・アモーレ』『DESIRE -情熱-』『Fin』『TANGO NOIR』『AL-MAUJ』と、

なんと9曲で「明菜ロングトーン」、もしくはそれに類する歌声・歌い方について言及している。

23年9月5日にBS-TBSで放送された『中森明菜　女神の熱唱2　ザ・ベストテン不滅の歌声』という番組で、藤倉克己が「明菜の歌声を活かす音域」は、真ん中のミ（E3）から、オクターブ＋4度上のラ（A4）までだったと語っていた。

つまりは男性でもがんばれば発声できそうな、女性としては低音域なのだが、「明菜ロングトーン」は、この音域の上のほう、具体的には、上のミ（E4）からラ（A4）の中で爆発し、そして光り輝く。

ただ、「明菜ロングトーン」のほとんどが、サビのここぞというところで爆発するという使われ方である。mp（メゾピアノ）で抑制的に始まり（後述「アーバン歌唱」）、だんだんと盛り上がって、ここぞでドン！と爆発する歌い方という位置付け。

また、先に挙げたシングル曲はもちろん、すべてがマイナーである。特に後期になると、陰鬱とした「アーバン・マイナー」空間の霧の中で、「明菜ロングトーン」が突然突き刺さるという展開となる。

何が言いたいかというと、あの爆発的な声量を、メジャーキーの中でけれんみなく活かした曲を、特にシングルでもっと聴きたかったということだ。

先に述べたように、中森明菜が「スター誕生！」にエントリーした曲は、岩崎宏美『夏に抱かれて』、松田聖子『青い珊瑚礁』、山口百恵『夢先案内人』。全曲メジャーキーだ。そして、『夏に抱かれて』と『青い珊瑚礁』は、歌い手のパワーボーカルが炸裂する曲である。

なぜ中森明菜が、メジャーキー＆パワーボーカル炸裂方向に行かなかったのか。いろいろ理由はあろう。

先にデビューした松田聖子が、その方向性を確立していたこと（80年代の彼女のシングルはほとんどがメジャー）、対する明菜陣営は、その真逆であるマイナー（＆ツッパリ）路線で地歩を固めたこと、さらには先の「情報量」の多い活動の中、「アーバン歌謡」という果実を発見したこと――。

しかし、それでも私は、中森明菜が（「第二の山口百恵」ではなく）「第二の岩崎宏美」、さらには「第二の大橋純子」としてデビューしていたらどうなっただろう……という妄想を抑えきれない。

中森明菜が実際に歩んできたような、賑やかしくドラマティックな成功には至らなかったかもしれない。ただ、もっと地道で堅実で、そして穏やかな音楽生活を送ったに違いないとも思うのだ。

94年のアルバム『歌姫』で、中森明菜は『思秋期』をカバーしている。いい。いいのだが、分別のある大人が青春時代を振り返る歌になっている。対して、岩崎宏美のオリジナルは「やがて十九に」なる少女が青春を振り返る歌なのだ。

そう私は、中森明菜の「青春ロングトーン」が聴きたかった――。

もし中森明菜が、まだ10代の頃に岩崎宏美の『夏に抱かれて』『思秋期』、そして『二十才前』『あざやかな場面』（ともに78年）……のような曲を歌っていたら、その後の明菜の音楽人生、いや日本の音楽シーンは、少しばかり形を変えたのではないだろうか。

中森明菜と「アーバン歌謡」

本書の中で何度も何度も使った言葉――「アーバン歌謡」。もちろん私の造語だが、造語を作らねばと思うくらい、80年代後半の中森明菜が創造した音楽は特異であり、かつ、その特異さが認識されていないと思う。

具体的にシングルで、私の思う「アーバン歌謡」感の強い曲は『SOLITUDE』『ジプシー・クイーン』『Fin』『BLONDE』『AL-MAUJ』『I MISSED "THE SHOCK"』『LIAR』だ。ここで、『ジプシー・クイーン』の項で書いた、私の思う「アーバン歌謡」像を再掲。

（1）『SOLITUDE』がその端緒となる。
（2）主人公は都会に住む大人の女性で、都市における生活と恋愛に対して疲労感を抱えている。
（3）その主人公の感情は極めて自立的かつ抑制的で、必要以上に男性にすり寄ったり色目を使ったりはしない。
（4）しかし、酒とタバコとセックスの香りにうっすらと包まれているという意味では歌謡曲的。
（5）つまりは（2）（3）による「アーバン性」と（4）による「歌謡曲性」の融合としての「アーバン歌謡」。

ここで、『SOLITUDE』がリリースされた85年からのシングルの売上枚数をあらためて並べてみると、「アーバン歌謡」は『ミ・アモーレ』『DESIRE－情熱－』『難破船』という、中森明菜の顔となっているシングルに比べて一様に低く、30万枚前後に留まることが分かる（★が右記「アーバン歌謡」的な曲）。

『タイトル』	売上枚数（万枚）
・『ミ・アモーレ』	63・1
・『SAND BEIGE －砂漠へ－』	46・1
・『SOLITUDE』★	33・6
・『DESIRE －情熱－』	51・6
・『ジプシー・クイーン』★	35・8
・『Fin』★	31・8
・『ノンフィクションエクスタシー』	6・2
・『TANGO NOIR』	34・8
・『BLONDE』★	30・1
・『難破船』	41・3
・『AL-MAUJ』★	29・7
・『TATTOO』	29・7
・『I MISSED "THE SHOCK"』★	31・1
・『LIAR』★	27・5
・『Dear Friend』	54・8

・『水に挿した花』　34・0
・『二人静 ―「天河伝説殺人事件」より』　48・4

しかし逆にいえば、「アーバン歌謡」という特異な曲調、かつ「アーバン唱法」という特異な歌い方（後述）にもかかわらず、30万人くらいのコアファンが支持したということでもある。

さて、先に挙げた曲で、「アーバン歌謡」としてもっとも着目するべきは、その最初期『SOLITUDE』だろう。80年代後半の中森明菜の方向性を決定した1曲。

シャーデー『スムース・オペレーター』（84年）やブライアン・フェリーの『ドント・ストップ・ザ・ダンス』（85年）あたりの影響が感じられるブリティッシュ風のアーバンでコンテンポラリーなサウンド。

細かく見ると、『Fin』『BLONDE』『AL-MAUJ』……と展開していく中で、だんだん歌謡曲色が高まっていく。「怒涛の恋愛感」が強まっていく。しかし『SOLITUDE』はもっとアーバン色が強く、歌謡曲色が弱く、つまりは超然としている。「アーバン（歌謡）」という感じ。

『SOLITUDE』を聴いて、いつも思い出すのが、渋谷陽一『音楽が終った後に』（ロッキング・オン）に収録された「同時代者としての沢田研二」（73年8月記）という記事である。

——自分で歌を作らない歌い手というのは、その者の持つ肉体というか存在によって表現者でなければならない。つまり歌い手にとっては、その者の持つパーソナリティー自身が表現なのである。

——現在、日本の男性歌手の中で、自己を都市と現代の被害者として組織し得たのは沢田研二ひとりといえる。平山三紀のあの見事さは、ひとえに彼女が女であったからで、ほんとはもっと多くの平山三紀が出現してしかるべきなのだ。（中略）しかし現実の歌謡界においては平山三紀のようなタイプはほとんどいなくて、昔ながらの藤圭子のような勧善懲悪主義の小説に出てくる、被害者然としたタイプがわりと幅をきかせている。

現在（2023年）の半世紀も前に書かれた記事だが、「自己を都市と現代の被害者として組織」というフレーズを見て、まさに80年代の中森明菜ではないかと思う。本文中で沢田研二の名前を何度も出したのも、この記事が頭にあったからだ（ついでに平山三紀（現：

みき）も）。「東京」というアーバン空間の中で、また80年代当時のジェンダー環境の中で、まだまだ後退した位置にあった女性たちの中で、もっともたくましく生きるシンボルとしての中森明菜に、30万人（特に女性）が喝采した。『SOLITUDE』の項で私はこう書いた。

——歌われるのは、都市に住む女性の疲労感だ。その後バブル経済に向かっていく日本。男女雇用機会均等法の施行は翌86年。女性が強くなったといわれても、都市の水面下では、疲労感と絶望感で息苦しくあえぐ女性がいっぱいいた、はず。そんな女性の気分をいかんなく表現する時代のシンボル——中森明菜。

まさに「同時代者としての中森明菜」だ。しかしアルバム『CRIMSON』の項で私はこうも書いた。

——令和の世における「アーバン歌謡」を支えてきた都市概念の喪失である。令和の今、「碑文谷あたりに住む女性の一日の生活をイメージしたもの」といっても「はぁ？」となるはずだ。そもそも「ＯＬ」が死語となってしまった。

中森明菜が、一人の女性として、孤立無援で戦った概念としての「東京」の喪失。

時代が変わってしまったのだ。結果、あの頃の「アーバン歌謡」、それを創造した「同時代者としての中森明菜」が軽んじられて、『少女A』『ミ・アモーレ』『DESIRE -情熱-』、あとちょっとだけ『難破船』ばかりで語られることとなる。

いやいや「アーバン歌謡」の意味や価値が消失されていいわけがない。それは「同時代者としての中森明菜」の消失につながるのだから。

中森明菜と「アーバン唱法」

そんな「アーバン歌謡」の中で、中森明菜が採用したのが、靄がかったリバーブの中で、mp（メゾピアノ）で抑制的に歌うこと、つまり「アーバン唱法」である。もちろんこれも、本書内でしか流通していない私の造語である。

先に述べたように、「アーバン唱法」の後に「明菜ロングトーン」でドカンと盛り上がる場合もあるが、「アーバン唱法」のまま淡々・粛々と進んでいく曲も多い。

そんな「アーバン唱法」の端緒も、シングルでは『SOLITUDE』となる。事程左様・今さらながらに、あの曲の特異性・独創性に驚くのだが。

では、この「アーバン唱法」、どのような背景で生み出されたのか。

まず、洋楽からの影響があったのは間違いのないところだろう。例えば、先に挙げたシャーデー『スムース・オペレーター』のボーカルに近いニュアンスが感じられるし、また、深いリバーブは、本書中に出てきたコクトー・ツインズの強い影響がある。アルバムでいえば、時代的には『トレジャー〜神々が愛した女たち』（84年）あたりか。

次に、デビュー当初から備わっていた「憑依力／演技力」の発展形として「アーバン唱法」に行き着いたという側面もあろう。私は「女優歌」というカテゴリーがあると思っていて、例えば大竹しのぶの歌などを、歌唱力というより演技力で歌う「女優歌」と呼んでいるのだが、中森明菜の80年代後半作品にも、「女優歌」的なムードを感じる。

つまり、「都市の中で戦い、疲弊する女」という配役を演じ（て歌い）たかった中森明菜が、「都市の中で戦い、疲弊する女」をストレートに感じさせる「アーバン唱法」を選んだということだ。

さらには、歌がど真ん中でサウンドは二の次三の次という「ボーカル・ミュージック」としての歌謡曲に対するアンチテーゼとして、サウンドの中に歌を馴染ませたい、溶け込ませたいと思った結果の産物という側面もありそうだ。

結果的に「アーバン唱法」は、当時の音楽シーンにおける強烈な差別化につながった。当時の「ライバル」たちを思い出してほしい。松田聖子、河合奈保子、小泉今日子、中山美穂、浅香唯、南野陽子、本田美奈子……らの中に80年代後半の中森明菜を入れて、歌い方をグルーピングするとしたら、「中森明菜とそれ以外」になるではないか。そのぐらい異色の歌い方だったのだ。

ここで、ひとつ興味深い情報をお届けしたい。

80年代後半の中森明菜に並走し、EUROXとしてアルバム『不思議』に参加、そして『TATTOO』の作曲者でもある関根安里のYouTubeチャンネル「関根安里のバイオリン雑談」に、『TATTOO』や『難破船』なども手掛けたレコーディングエンジニア・中村充時がゲストに招かれたのだが、そこで彼が次のような内容を語っているのだ（ただし、話し方が全体的に伝聞推定調だったことに留意されたい）。

・アルバム『D404ME』録音時に、中森明菜がエンジニアに「歌をあんまり聞こえないようにしてくれ」という「ボーカリストとしてはありえない要求」をしたらしい。
・その理由は「うまく歌えなかったから」ではないかと想像する。

ここまで追ってきたように、卓越した歌唱力を持つ中森明菜に限って、そんなことがあろうかと疑問を持たれる方も多いかもしれないが、私は「これはあり得る」と思ったのだ。いわゆる「完全主義者」の習性として。

話は数段、いや百段落ちるが、私にも同様の経験がある。学生時代に自宅でよく多重録音をしたのだが、楽器はともかく、歌やコーラスは、何度やっても百点満点の出来にはならない。そこで、ダブルトラックにして（同じメロディを2度録音して、聴き心地をふわっとさせる）、リバーブやディレイを深めにかけて、かつ音量を下げてミックスする――。

私より百段上の中森明菜の歌唱力を持ってしても、同様に私より百段上の完全主義者として、「歌をあんまり聞こえないようにしてくれ」という指示をすることは、十分あり得ると思ったのだ。中村充時が言っていることは、おそらく真実ではないだろうか。

洋楽からの影響、「憑依力／演技力」の発展形、歌謡曲へのアンチテーゼ（＝「ライバル」との差別化）に加えて、このような完全主義志向の結果として、「アーバン唱法」が生まれたと見るのだが、どうだろうか。

私は考える。東京という都市と戦い、歌謡曲とも戦い、松田聖子らとも戦い、そして自分の歌声とも戦った結果としての「アーバン唱法」だったと。

中森明菜と「世界性」（兼高かおる性）

藤倉克己による「歌う兼高かおる」というコンセプトの切れ味は忘れられない。その的確かつクリエイティブな言葉遣いたるや。優秀な音楽制作スタッフかくあるべしという感じさえする。

「歌う兼高かおる」という言葉遣いにいたく感じ入るのは、言葉の力でのし上がった有名な音楽プロデューサーを知っているからだ。その人物の名は――酒井政利。

CBSソニーで、郷ひろみやキャンディーズ、山口百恵を育て上げた大プロデューサーなのだが、私の好きなエピソードは、南沙織のデビュー曲『17才』（71年）を、歌詞やメロディからではなく、まずタイトルから決めたという話だ。

――潮の香りのする女の子で、彼女は16歳でした。しばらくすると17歳、じゃ「17才」というタイトルにしようと。これは寺山修司さんの影響なんです、飾らないっていうか「生成り」でいきたいという…（CD『HITSTORY 筒美京平 Ultimate Collection

1967-1997』ブックレット）

南沙織といえば、日本アイドルの始祖といっていい存在である。つまり日本アイドル界は、酒井政利による「1・7・才」という3文字から生まれたのだ。また酒井には、郷ひろみのデビューに際し、作詞の岩谷時子に「男の子女の子」というタイトルを渡して、唖然とさせたという逸話も残っている。

話を戻すと、「歌う兼高かおる」は曲タイトルではないものの、意味するところがピンとくる、とても優秀なコンセプトだ。80年代中森明菜の活動の一定の割合を、しっかりと規定したと思う。

意味するところは「世界性」である。ただし、ハイブロウ過ぎない世界性、つまり、日曜日午前中のブラウン管を通して、全国津々浦々の日本人にも説明可能な、いわば書き割りとしての世界性だ。

「歌う兼高かおる」としての代表作は『SAND BEIGE －砂漠へ－』だろう。この「サハラ歌謡」は、決してハイブロウになり過ぎない。適度にベタで飲み込みやすい。

「主を失くした　ラクダがポツリと」なんかは、ちょっとやり過ぎではないかと書いたが、冷静に考えれば、これくらいのベタさが必要だったのだろう。85年、『SAND BEIGE

―砂漠へ―』が戦った相手は、秋元康の手掛けたおニャン子クラブと『なんてったってアイドル』（小泉今日子）なのだから。

また翌年には『CRIMSON』をリリースする。東京のＯＬの空間と地続きになった作品であり、つまり「歌う兼高かおる」の「世界性」は東京（碑文谷）のＯＬと地続きになっている（そして「世界」と「東京」をつなぐのが成田空港「北ウイング」だ）。

対して、デイヴィッド・フォスターが手掛けた松田聖子『Marrakech～マラケッシュ～』（88年）などは、書き割りではなく、実際にモロッコのマラケッシュの地に行っている感じがするではないか。

「世界性」は東京、ひいては日本としっかり繋がっていた。だからこそ、バブル経済に向かっていきながらも、女性の多くがまだまだ日本に閉じ込められていた時代に、「歌う兼高かおる」は喝采を浴びたのである。

中森明菜と「純粋音楽」

「純粋芸術」（ファイン・アート）という言葉はあるが「純粋音楽」は私の造語である。つまり「アーバン歌謡」「アーバン唱法」同様、世の中にそんな既成概念はない。

大衆音楽は、本文でも書いたように「機能音楽」である。「可愛い！」「きれい！」「セクシー！」「かっこいい！」「盛り上がれる！」「踊れる！」、ごくたまに「メッセージを感じる！」と、「感じたい」というニーズを充足させて、聴き手をすっきりさせる対症療法的なエンタテインメントである。

ただ、中森明菜が残したいくつかの曲、とりわけシングルでいえば『水に挿した花』は、そうしたニーズ、そうしたギブ・アンド・テイクから解放された、まさに純粋な美しさがある。

「なぜ、もっと語られないのだろう」と思うのだ。ただそう思いながら、語られにくい理由も分かっていたりする。『少女A』が、「松田聖子がすくいきれなかった血中ツッパリ濃度の高い若者男女のニーズを充足して大ヒットした」的な、分かりやすく、かつ懐かしく盛り上がれる曲紹介が出来ないからだ。「純粋」だけに。

純粋に突き詰めた音楽。中森明菜という、80年代後半を席巻し、その分、様々な激動や屈折を飲み込んできた一人の女性の内面から溢れ出てきた結果、上っ面の説明が付きにくい作品が、オリコン1位、34万枚売り切ったということは、空前絶後だと思う。

サブスク（リプション）の浸透は、音楽をいよいよ「機能音楽」にシフトさせている気がする。イヤフォンから無意識・無造作に流れ出てくる音楽。自分が求めるニーズに合わなければ、どんどんスキップされる。結果、ニーズに合目的的な「推し」の曲ばかりでプレイリストが占められる。

ソニーのウォークマンは79年の発売。ヘッドフォンをしながら街を歩く若者を見て、作詞家・阿久悠はこう言った――「ヘッドフォンで聴く音楽は点滴だ」。カセットテープが回る昭和のウォークマンが点滴なら、スマホのサブスクから、日がな音楽を流し込んでいる令和の人々は、より重度の点滴患者だ。

と考えると、『水に挿した花』のような「純粋音楽」がヒットチャートに再びのし上がってくる日は来ないのかもしれない。もしかしたら日本において、最初で最後の「純粋音楽ヒット」なのかもしれない。それが幸か不幸かは分からない。かくいう私も、今ここで「純粋音楽派」ぶっているが、「機能音楽」に首まで浸かって生きてきた身だ。白状すれば『SOLITUDE』が発売された頃、私は「アーバン歌謡」に見向きもせず、おニャン子クラブのほうを向いている浪人生だった。

しかし、例えば「懐かしの昭和歌謡ヒット曲」的な番組で、いつまで経っても『少女A』や『ミ・アモーレ』『DESIRE－情熱－』、たまに『難破船』だけで語られ続ける中森明菜は、明らかに不幸だと思う。

本書が、「アーバン歌謡」ひいては「純粋音楽」という、未開の荒野に向けて、ずんずんと向かっていった若き中森明菜による取り組み、その功績の縦・横・奥行きを、正確に測定するきっかけになればいいと思っている。

そして、中森明菜と「80年代東京」――

80年代、世界経済を席巻して、どんどん豊かになっていく日本。そのシンボルとして、世界に冠たる大都市、東京――TOKYO。

しかし、それこそ泡のように膨張したハリボテの内実は、古臭く、うさん臭く、つまりは貧乏臭い。旧態依然とした価値観が渦巻いている。

男女雇用機会均等法がようやっと86年に施行されたものの、短大を卒業した女性は、制服をまとったOLになり、お茶くみとコピーに明け暮れ、今でいうセクハラを受けながら、年に一度の海外旅行に思いを馳せている。

「女はクリスマスケーキだ。25歳（25日）までに売れなければ、ガクッと値下がりするものだから」などと言われて、内心疑問を持ちながらも、それでもちょっと焦り始めている。

そんな古臭いありようは、女性歌手の歌う、まだ「歌謡曲」と括られている楽曲の歌詞に色濃く残っている。

演歌では、男に振られた女がヨヨヨと泣き崩れ、アイドルポップスでは、男子から告白されるのをひたすら待っている。つまり結局は、確固たる一人の女性ではなく、あくまで「男性の手のひらに乗る女性」の枠にすっぽり収まってしまっている――これがCDという新メディアを抱えて「Jポップ」が生まれる前の荒涼たる風景だ。

しかし、そんな音楽シーンから、元々「アイドル」と呼ばれた3人の女性が、古臭い枠を蹴り飛ばし、制服OLたちのカリスマになる。

「ニューミュージック」のマエストロたちが手掛けるウェルメイドな楽曲とタフなメンタリティを武器に、自由で開放的な生き方を示し、そして世界へと進出した松田聖子。

抜群の頭脳で自らを冷静に見極め、絶えず集まってくる新しい才能を活かしながら、新しい価値観に合わせてアップデートし続けた小泉今日子。

いわば、「広がり続けた」松田聖子、「変わり続けた」小泉今日子に対し、中森明菜は「突き詰め続けた」――。

80年代前半の大成功を受けて、80年代後半、孤立無援(=「SOLITUDE」)のマウンドに立ち、自らの興味とセンスの赴くまま、新しくて、都会的で、もちろんかっこいい音楽を突き詰めた。突き詰めることを貫き通した。

そんな女性歌手――さらには弱冠20代前半の――なんて、日本の音楽シーンの中では唯一無二・空前絶後、後にも先にも横にもいなかった（その後の浜崎あゆみには近いものを感じるが、それでも時代背景が違い過ぎて比較しにくい）。

本書を書きながら思い続けたのは、果たして中森明菜に、破格の「情報量」を持った活動に対して、果敢に向かわせたモチベーションは何だったのかということだ。

――「東京」と戦っていたのではないか。

本人に、どこまでそんな意識があったかどうか分からない。ただ、彼女の曲を一気に聴き通して、そう思わざるを得ないのだ。

見かけはどんどんキラキラしていくのに、その内実は古臭く、うさん臭く、つまりは貧乏臭い、さらには抜群に男臭い「東京」に対して、20歳過ぎの女性が、細腕・丸腰で戦いを挑む。そして自らの思う音楽を突き詰めて、貫き通し、そして大成功する。

だから、制服ＯＬや夜の女性たちが喝采したのではないか。というか、この物語に喝采しない理由なんて、どこにもないではないか。

本書を書きながら思い出していたのは、まずは当時の女性誌だ。今よりももっともっと女性誌が元気だった時代。白人、もしくはハーフ（ミックス）のモデルが、妖艶というか勇壮というか、とにかくきらびやかな衣装に長い手脚を包んで、青山あたりを大股で闊歩している。

そしてトレンディドラマ。同じくきらびやかな衣装の女優が、過剰な表情をしてバタバタと動きながら、肩パットの入った三つ揃いスーツ姿の男性とわたり合い、所帯じみたところなど一切なく、働いて、飲んで、そして愛して、最後は幸せを掴み取る。

でも、そんなふわふわした架空の世界ではなく、中森明菜という生身の女性が、現実世界の「東京」で、挑戦と成功を体現しているのだ。繰り返すが、制服ＯＬや夜の女性たちが喝采しない理由なんてない極上の物語だ――。

しかし90年代に入って、バブル経済が崩壊、世界に冠たる東京がゆっくりと崩れ去っていった。そして戦う敵を亡くした中森明菜も、新たな立ち位置を探し続けることとなる（それ以前に、ご存じの通りの私的な「事件」によって、活動が阻まれるのだけれど）。

でも、それは別の物語だ。「80年代の東京」だからこそ生み出された音楽。あの時代・あの東京は崩れ去った。けれど、あの時代・あの東京だからこそ生み出された音楽まで、崩れ去っていいわけがない。

中森明菜が残した音楽、とりわけ「アーバン歌謡」や「純粋音楽」は、今こそもっと聴かれ、もっと語られるべきだと思う。キラキラ輝く東京は戻ってこなくとも、中森明菜の音楽はキラキラと輝き続けるべきだと思うのだ。

最後に。先のキラキラした「80年代の東京」に私はいなかった。

86年に上京し、東京（近郊）に住んではいたし、東京の大学に通っていた。ただ、それは東京であって「東京」ではない。私がウロウロしていた東京と、中森明菜が躍動した「東京」は、字面こそ同じでも、まったくの別物だ。あの時代の東京は、世界でもっとも虚実格差のある都市だったはずだ。

木造の下宿の中、小さい10型のテレビをこたつの上において、テレビの上に貼り付けた、これまた小さい小さい室内アンテナを左右に傾けて、砂嵐がチラチラ舞っている画面の中で歌い踊る中森明菜を見つめる。そして「うーむ」と思い、ビートルズ、レッド・ツェッペリン、はっぴいえんど、大滝詠一、そしておニャン子クラブを聴く――。

これが、スージー鈴木と「80年代東京の中森明菜」との関係性にして、格差だった。

そんな、30数年前のしょぼくれた大学生が、ひょんなきっかけで中森明菜を聴き直し、活動の「情報量」にクラクラしつつ、それでも歌声に魅了されながら、思ったこと・感じたことをひたすら書き切った――そんな奇妙な本が、この一冊である。

おわりに

２０２３年10月30日、ニッポン放送『垣花正 あなたとハッピー！』にて、中森明菜による新録セルフカバー『北ウイング－CLASSIC－』がオンエアされた。絞り出すようなボーカルには、「アーバン」云々を超えた、「今」の彼女としてのリアリティがあった。

翌々日の11月１日（10月30日から見れば「明後日」）、『別冊太陽 小泉今日子 そして、今日のわたし』（平凡社）が発売。彼女が遠くを見つめているような表紙が素晴らしく、即買いした。彼女の「今」を全編にわたって取り上げた意欲的な編集。読んで分かったのは、小泉今日子が動き続けているということだ。

その『別冊太陽』の中に、「小泉今日子を知る２０４の質問」というコーナーがあり、「カラオケの十八番は？」という問いに「スローモーション」と答えていて、ちょっとほっこりとした。いい話だなと思った。

動きを止めていた中森明菜と動き続けていた小泉今日子。この同級生にして「ライバル」が、揃って還暦へと向かっていく。60歳というタイミングを過度に重要視する必要はないと思いつつ、80年代を席巻した彼女たちが、今後どう動いていくのか、今後の人生にどう決着を付けていくのかが、とても気になる。

というのは、私も同じく、60年代の中盤に生まれ、80年代の中盤に成人し、そして今、還暦へのカウントダウンが始まったところにいる。レベルこそ違え、私のささやかな人生にも、ささやかな人生なりに決着を付けなければならないからだ。

本書は、そんなタイミングで取り組んだ一冊である。50代後半というタイミングで、中森明菜が残した作品を、新たな気持ちで聴き込むことから生まれてきたのは、僭越な言い方をすれば、彼女の音楽をもっともっと語ってあげるべきだという思いである。

中森明菜を語ろう。神格化せず、矮小化せず、音そのもの、声そのもの、歌そのものを語ろう――すべてはそれからだと思う。

だから、個人的な見解と偏愛にあふれているであろう本書、『水に挿した花』に我ながら過剰に思い入れた本書だが、これは56歳（執筆時点）スージー鈴木としての「中森明菜の音楽」論である。これを読んでいただいた方々が、皆さんなりの「中森明菜の音楽」論を展開していただければいいなぁ。すべてはそれから――。

主にデータ面で後方支援していただいた年上のAさんと年下のNさんに感謝したい。

2023年11月5日　スージー鈴木（日本シリーズ最終戦の日に）

スージー鈴木
すーじーすずき

1966年大阪府東大阪市生まれ。音楽評論家、ラジオDJ、作家。昭和歌謡から最新ヒット曲まで、幅広い領域で、音楽性と時代性を考察する。著書に『桑田佳祐論』『サザンオールスターズ 1978-1985』『EPICソニーとその時代』『平成Jポップと令和歌謡』『恋するラジオ』『80年代音楽解体新書』など多数。

編集・デザイン　近江聖香（Plan Link）
カバーデザイン　櫻田渉
編集協力　大塚愛
企画・構成　廣瀬祐志

中森明菜の音楽　1982-1991

2023年12月15日　初版第1刷発行

著者　スージー鈴木
発行人　廣瀬和二
発行所　辰巳出版株式会社
〒113-0033 東京都文京区本郷1丁目33番13号 春日町ビル5F
TEL 03-5931-5920（代表）
FAX 03-6386-3087（販売部）
URL http://www.TG-NET.co.jp/

印刷・製本　中央精版印刷株式会社

本書の内容に関するお問い合わせは、
お問い合わせフォーム (info@TG-NET.co.jp) にて承ります。
電話によるご連絡はお受けしておりません。

定価はカバーに表示してあります。

万一にも落丁、乱丁のある場合は、送料小社負担にてお取り替えいたします。
小社販売部までご連絡下さい。

ISBN978-4-7778-2989-7
JASRAC 出 2308575-301